Jahresgedanken einer Frau

ISBN 978-1-4717-8177-3

LUISE BAER

JAHRESGEDANKEN
EINER FRAU

1921
FELSEN-VERLAG
BUCHENBACH-BADEN

EINFÜHRUNG.

»Jahresgedanken einer Frau« – von einer Frau geschrieben und besonders für Frauen bestimmt. Gedankengebilde und Gedichte, die das weite Gebiet des Lebens formend, von reichem Erleben und feiner Beobachtung Kunde geben. Gegenständlich sind sie einer Mannigfaltigkeit von Lebensbezügen zugewendet und wissen uns von manchem Lebenswerte Tiefempfundenes und Schöngedachtes in rhythmisierter und fein bewegter Prosa zu erzählen.

Mit den Monaten des Jahres ein Steigen und Fallen des Gegenstandes und der Stimmung. Eine Erhebung aus der Kontemplation zu leidenschaftlicher Bewegung, um dann wieder im Letzten sich zur Ruhe zu finden und den Kreislauf des Jahres zu beschließen.

Die Monate der ersten und zweiten Jahresfolge entsprechen sich, doch erscheint ein verwandter Gegenstand hier wieder ganz neu, auf eine höhere Stufe emporgehoben. Auch erweitert sich das Thema über das persönliche Erleben hinaus, zum Verstehen des allgemeinen Lebens, und wird die ursprünglich scharf abgesetzte Grenze der Tage in den allgemeinen Gedankenzug enger hineinbezogen, sodass jeder Monat von einem leitenden Motiv vollständig durchdrungen und beherrscht ist. Das Gegensätzliche und Paradoxe des Lebens tritt im Unterschied zu der relativen Schlichtheit und Einfachheit der im ersten Teile geformten Lebensverhältnisse scharfer hervor, sodass eine höhere Reife und Vertiefung der Lebensanschauung zu bemerken ist.

Ich wünsche dem Büchlein viele Freunde. Es gibt gar manches zu erraten und zu deuten und vermag Anregung zu bieten für teilnehmendes Verstehen.

Georg Mehlis
Prof. an der Universität Freiburg i. Br.

INHALT.

Und es ging ein Licht auf in der Finsternis,
dass der Mensch den Menschen erkannte.

I. FOLGE

JANUAR.
Überlegung.

1

Ist es, dass auf manche Menschen die Wehmut ihre Hand gelegt, dass sie nicht dankbar erkennen, was ihnen an Teilnahme und Herzlichkeit gegeben wird? Ist es, dass ein Menschenkind zu Großes sucht, was es eben bei Menschen nicht gibt? Dass ein Stern gefallen bei seiner Geburt, den es nun suchen muss und nimmer finden kann?

2

Es ist auch schön, in der Welt als ein Fremdling zu leben, sie zieht an uns vorüber, aber in der Stille leben wir ihr Erleben lebendig mit.

3

Das Leben ist voll unerfüllter Wünsche. Klüfte, die wir überbrücken müssen. Der Alltagsmensch tut dies mit Zerstreuungen, der künstlerisch Veranlagte mit Träumen seiner Phantasie, und der Denker mit seinem schaffenden Geist.

4

Nichts wünschen sollte der Mensch und auch nichts hoffen: was ihm beschieden, nehm er ruhig hin.

5

Die allbekannte Ungeduld des Alltagsmenschen ist eine Untugend; durch Erziehung können wir sie bekämpfen und mit festem Willen Herr über sie werden. Aber die Ungeduld des Geistes ist mächtig, sie hat Gewalt über den Menschen und rührt vom schöpferischen Leben, das nach Entfaltung ringt.

6

Bei der Zerfahrenheit und dem Zerstörungstrieb der Menschen bleibt allein die Natur groß und harmonisch in ihrem Walten und Gestalten. Das Erfreuen an ihr erbaut und erhebt uns über das Kleinliche des Alltags.

7

Groß ist der Einfluss, den die landschaftliche Umgebung, in der man lebt, auf empfängliche Gemüter ausübt. Die Umgebung gibt die Stimmung, sie kann bedrücken, befriedigen, beglücken. Man kann sich selten ihrer Wirkung entziehen. Sind doch die meisten Menschen durch Beruf oder Verhältnisse an einen bestimmten Ort gebunden.

8

Gar vieles, was unsere Bewunderung erregt und uns reich beglückt, ist aus weher Qual entstanden und wurde mit Herzblut geschrieben.

9

Manche Männer, deren Werke die Nachwelt bewundert, haben im Rausche geschaffen und dem Gemeinen gelebt.

10

Der Ausnahmemenschen Glück und Leid ist unendlich, von der Welt unverstanden, sind und bleiben sie Fremdlinge.

11

Ausnahmemenschen wird immer mit Misstrauen begegnet; weder ihr Denken noch ihr Handeln lässt sich in die gegebene allgemeine Lebensauffassung einreihen, und sie ordnen sich auch nicht den Gesetzen über unsere Gefühle unter.

12

Ich kann wohl einem Menschen nicht Unrecht tun, wenn ich ihn nicht verstehe; aber wenn ich ihn nicht verstehen *will*, so bin ich nachher selber schuld an meinem Leid.

13

Was ist gerecht? Was wir mit unserem beschränkten menschlichen Verstand für Recht erkennen. Und damit wollen wir über Menschen, über ganze Existenzen urteilen!

14

Wie dünkt sich doch der Egoist so gut, so gerecht, so musterhaft in seinem Handeln! Er ist klug, er sammelt und gibt nichts aus. Weit reicher doch bist du, du armer Bettler, der du gerne und freudig dein Brot mit mir teilst.

15

Ein mich liebendes treues Menschenkind, das mir die Wahrheit sagt – ich kann es hoch genug nicht schätzen.

16

Im Leben gilt Verstand weit mehr als Gemüt und erreicht auch weit mehr; doch ohne Gemüt keine Zuneigung noch Liebe.

17

Überlegen heißt berechnet denken. Es gibt Menschen, die können gar nicht anders, denen ist es von Natur so gegeben; sie haben Glück im Leben, ihr Weg vollendet sich ihrer Überlegung gemäß, und man nennt sie klug.

18

Das Denken impulsiver Menschen aber äußert sich ohne überlegendes Vorprüfen, direkt so, wie es aus dem Empfinden folgert – sie denken und reden frei. Auf ihren Wegen ist Glück eine seltene Wunderblume, und meist wandeln sie einsam und unverstanden.

19

Mit Recht sind wir streng darauf bedacht, dass Kinder die Wahrheit reden; treten sie aber aus der Kinderstube hinaus ins Leben, so umgibt sie eitel Lüge und sie werden nicht selten ob ihrer kindlichen Wahrheit verlacht, oft sogar in Misslichkeiten gedrängt.

20

Gegenwärtig werden die Mädchen in langer Schulzeit und großer Freiheit erzogen. Sie wissen alles, und werden praktisch für die Welt. Ob sie für das stille innere Leben dann noch taugen, bleibt die Frage.

21

Es gibt zweierlei Fleiß: Fleiß aus Freude an der Arbeit und Fleiß aus Faulheit. Letzterer arbeitet nur um der verhassten Arbeit rasch ledig zu werden, er erreicht nichts. Der Fleiß aus Freude an der Arbeit hingegen bringt Gedeihen und Erfolg.

22

»Was der Mensch will, das kann er.« Ob diese Behauptung sich beweisen lässt, bleibt dahingestellt; sicher aber ist, dass geweckter Glaube an unser Können unsere Leistungsfähigkeit erhöht. Übrigens wird ein kluger Mensch auch nur wollen was er kann.

23

Dem Baume gleich sollen wir sein: mit den Gedanken aufwärtsstrebend ins Unendliche, uns vertiefend und festigend im Leben durch die Arbeit.

24

Ach, wir möchten nur immer Ursache zur Freude geben und nie zu Leid, doch wie mangelhaft gelingt uns dies! Selbst unsere edelsten Absichten bleiben nicht schattenfrei.

25

Es gibt wohl eine Kraft, die das gedankliche Mitteilen zwischen Getrennten ermöglicht, und als An- und Gegenrede empfinden lässt. Besteht diese vermittelnde Kraft für alle, oder ist sie nur einzelnen gegeben? Ist sie ein Bestandteil der Liebe und entwickelt sich überhaupt erst durch Gegenliebe, oder kann sie auch ohne Gegenliebe wirken?

26

Wie die Natur den Elementen preisgegeben ist, so der Mensch dem ihm vorbestimmten Ziel; er kann ihm entgegenarbeiten und damit die Erfüllung seines Geschickes verzögern, aber nie ihm entrinnen. Lernen wir aus dem uns Gegebenen das Höchstmaß Glücks zu ziehen.

27

Die Ansprüche des Vaterlandes an den einzelnen sind oft schwer und werden nur durch das Wörtlein »Pflichterfüllung« erleichtert.

28

Ein Leben ohne Streben, ohne Wünsche, ohne Ziele – ist dies überhaupt als Leben denkbar?

29

Illusionen erfreuen, aber wir können nur am Gegebenen festhalten.

30

Unser Leben besteht oft nur aus Missgeschick, doch Leben ist gleich Hoffen.

31

Wir sollen unser Verhängnis nicht ergründen, noch unserer Lebens-
zukunft nachforschen wollen; wir sollen vom Tag nehmen, was er uns
bringt. Sag, wenn du ehrlich bist, wer vermöchte dies und wer tut es?

FEBRUAR.
Umgang.

1

Es wandeln Menschen auf der Welt, die kennen sich nicht, es wandeln Menschen auf der Welt, die sehen sich nicht, es wandeln Menschen tief in Leid und Schmerz, und ihnen fremd ist selbst ihr eigenes Herz.

2

Im Wiesental sprudelt der frische Quell von frohen und heitern Gedanken. Keck und laut zu Tal über Kiesel und Sand seine Wasser munter wandern, und das schattende Weiden- und Erlengebüsch von Ufer zu Ufer beugt sich dicht. Ihr Weiden und Erlen, ihr Freunde treu, schützt vor der neidischen Missgunst der Welt mir meine Freude, mein Glück.

3

Efeu! Es mahnt uns still an jene lieben Menschen, die immer freundlich, ruhig heiter, wohl nicht geschmückt mit leuchtend blühenden Gaben, doch festzuhalten wissen allezeit, durch Freud und Leid.

4

Wir pflegen oft im Garten unseres Herzens mit großer Liebe ein kleines verderbliches Unkraut, das wir bei unserem Nächsten mit Entrüstung ausreißen.

5

Missverstanden und missverstehen – zwei Worte nur, und doch erwächst aus ihnen Übel viel und Leid. Wie Unkraut in den Gartenbeeten, ersticken sie die gute Saat.

6

Das Schönste neben Treue ist doch Wahrhaftigkeit! Aber die Menschen sind so geartet, dass sie die Wahrheit nicht ertragen können, ja man kann durch sie sogar Freunde verlieren.

7

Die Welt will auf liebenswürdige Weise angelogen sein; diese Lügen sollen die aufsteigenden Zweifel an der eigenen Ehrlichkeit niederdrücken und langsam ersticken.

8

Jeder aufrichtigen Natur müssen die üblichen konventionellen Lügen verhasst sein, sie wird sie Menschen gegenüber, die sie liebt, überhaupt nicht aussprechen können. Wo sie aber gesellschaftlich von ihr verlangt werden, streift solche Natur sie an und ab wie ein gleichgültig Kleid und vergisst sie sofort wieder, gleich wie die Menschen, an die sie gerichtet waren.

9

Keine Grobheit, keine Beleidigung schmerzt wie eine formvolle gesellschaftliche Lüge aus liebem Munde; das sickert wie kaltes Eiswasser hinab ins heiße Herz – es soll nur kühlen, doch das Herz erstarrt daran.

10

Es ist ratsam, nicht immer nur allein, sondern auch in Gesellschaft, mit seinen vermeintlichen Freunden zusammen zu sein; nur dann erfährt man den richtigen Wert, zu dem man bei ihnen eingeschätzt ist.

11

Man sollte von Menschen, die einen aufrichtig lieb haben, keine Unaufrichtigkeiten, keine gesellschaftlichen Lügen verlangen. Ist es wert, auf Kosten der Ehrlichkeit, für eine lächerliche Gesellschaftsform Tribut zu fordern?

12

Oberflächliche Gesellschaft verdirbt den Charakter.

13

Es gibt Worte aus geliebtem Munde, die steigen vor uns auf wie eine drohend trennende Mauer. Vielleicht, sie wurden unbedacht ausgesprochen, oder unüberlegt niedergeschrieben; aber dass dies geschehen konnte, und zwar in einem Augenblick des Nichtbedenkens, das schmerzt. Uns deucht, sie sprächen in ihrer Formlosigkeit die Wahrheit.

14

Zuneigung, die uns leicht zufällt, verliere den Reiz des Verlangens nach ihrem Besitz. Sollte dies tatsächlich immer zutreffen, oder findet es nur Anwendung auf Empfindungs-Sportmenschen?

15

»Ich hatte leider keine Zeit« – dies hören wir gar oft und viel. Und es gibt Menschen, die trotz anstrengender Berufstätigkeit und großer Inanspruchnahme, immer noch ein Stündchen Zeit für andere haben.

16

Wenn auch nur der Mann den Egoismus personifiziert, so vergisst sich doch ab und zu auch die Frau und streift den Egoismus an, vielleicht instinktiv, um ihr Selbstvertrauen zu heben. Ist es nicht verzeihlich, wenn sie gern vergessen möchte, dass sie oftmals nur relativ und nur zeitweise dem Manne einen Wert bedeutet, ja sogar häufig als Null von ihm sich werten lassen muss?

17

Schmerzlich empfindet es der feinfühlende Mensch, wenn er ohne Verschulden, nur durch sein persönliches Sichgeben, Missbehagen verursacht und durch formvolle Zurückhaltung in frühere Fremdheit zurückgedrängt werden soll. Darum halte dich von Menschen fern, wenn du persönlich bist – lass dich suchen.

18

Es gibt Menschen, die suchen immer Gesellschaft, wohl aus dem ihnen selbst unbewussten Grunde, dass sie die Gedanken anderer brauchen, weil sie keine eigenen haben.

19

Gar vielen Menschen wird das Glück nicht zuteil, dass sich ihre Wesensart voll entfalten kann. Die Folge ist, dass auch ihre Leistungen immer Bruchstücke bleiben.

20

Aus Liebe kann sich ein charaktervoller Mensch bleibend umgestalten; ein oberflächlicher nur vorübergehend aus Laune sein Wesen ändern.

21

Es gibt wohl wenig, was so sehr ermüdet, als Unterhaltungsverpflichtungen nachzukommen, Menschen gegenüber, die uns in jeder Beziehung fernstehen. Mit einem geliebten Wesen jedoch kann sich sogar ein Kranker gesund reden.

22

Menschen, die sich anders geben, als sie in Wirklichkeit sind, die anders scheinen wollen, wirken fremd; wir werden bei ihnen nicht warm noch froh.

23

Je höher der Gesellschaftskreis, umso mehr wird in der Unterhaltung Form über Inhalt stehen.

24

Schöne Menschen sind selten harmonisch, aber harmonische Menschen dünken uns immer schön.

25

Nur Charakter, Geist und Verstand drücken den männlichen Zügen den Schönheitsstempel auf.

26

Was uns bei harmonischen Menschen so angenehm und wohltuend berührt, ist das schweigende Übereinstimmen ihres Denkens und Handelns; selbst das lebhafteste Temperament ist wie von Ruhe überhaucht.

27

Leichtigkeit der geistigen Bewegung ist keine Oberflächlichkeit.

28

Man braucht ab und zu einen Ausblick aus dem Alltäglichen, es ist ein Ausspannen der Nerven aus dem Gewohnten auf ein anderes Gebiet; und das andere, die neuen Eindrücke, die freiere Tageseinteilung, und was sonst damit zusammenhängt, das ruht aus und stärkt, und weckt ein Empfinden des Freiseins.

29

Oft führt ein zufällig gesprochen Wort uns einen Menschen vor, der längst aus unserem Gedächtnis entschwunden war.

MÄRZ.
Werden.

1

Es schwebt ein sanfter Duft
in traumvoll stiller Luft
hin übers Tal –
Es steigt ein Sonnenlicht
aus Wolken trüb und dicht
und fällt ins Tal –
Es dehnt die Frühlingszeit
sich blühend, jubelnd breit
im ganzen Tal –
Da wacht es auf, berauscht
von all der Pracht, und lauscht,
es lauscht das Tal.

2

Alle Offenbarungen der Natur können sowohl von Freude als von Leid begleitet sein, es kommt nur darauf an, wie wir an sie herantreten, mit welchen Gefühlen wir sie aufnehmen und empfinden.

3

Auch die kahlen, gelbbraunen Rebhügel strahlen im frühen Lenz! Golden und heiß erglänzen sie im jungen Sonnenbrand, wie erglühend unter seinen Küssen.

4

Graues Gewölk senkt sich zum Spiegel des Sees, feucht rieselt der Nebel nieder, und, von den Segeln einer schweigenden Frachtbarke erschreckt, flattern weiße Möwen von den Uferfelsen auf, mit ihrem hellen Gefieder weit sichtbar auf dem düsteren Hintergrund: lichte Gedanken in trüber Zeit.

5

Wie Sonnenschein durch die Landschaft, so zieht uns oft liebes Gedenken durch das Gemüt – Leben weckend, Leben spendend.

6

In einem trüben Menschenleben wirkt auch ein Stern gleich einer Sonne.

7

Nicht ängstigt uns Gewitterregen noch schreckt uns selbst ein Märzenschnee – wir wissen ja, die Sonne kommt uns wieder.

8

Nur Blau und Weiß gedeihen in meinem lauschig stillen Garten, hinaus in die Welt gehören Rot und Gelb.

9

Es liegt ein eigener Reiz darin, Baum und Pflanzen in ihrer freien Entwicklung zu beobachten, sie ist phantastisch und zügellos.

10

Das Ungebändigte, das Zügellose in der Natur, das ist es, was den wahren Künstler reizt, anzieht und fesselt, wohl weil es dem Drängen nach Entfaltung in ihm entspricht.

11

Von Schaffensdrang getrieben, sucht der Künstler nach Gestaltung seines gefassten Gedankens. Er wird zur Wiedergabe niemals Vollkommenes finden, aber seine Phantasie wird ihn Vollkommenheit erblicken lassen.

12

Genie, Talent, Geist, Verstand – sie alle geben dem Menschen Berechtigung zu Stellung und Ansehen; trotzdem aber muss auch ein also Begabter von einer einflussreichen Hand erfasst und seiner Bestimmung zugeführt werden.

13

Die Menschen schalten oft beim Erziehen die Liebe aus, sie sagen: wir erziehen *aus* Liebe, und sollten doch *mit* Liebe erziehen. Der Chirurg ist seinen fremden Patienten gegenüber weit einsichtsvoller, er wendet die Narkose an, ehe er die nötiggewordenen Schmerzen verursacht. Bei der Erziehung sollte die Liebe die Narkose sein.

14

Wer im Kleinen leistungsfähig ist, wird es selten im Großen auch sein; der Grund liegt nicht im Mangel an Willen, sondern in der Veranlagung.

15

Der Lebenslauf des Alltagsmenschen gleicht einem Konzertprogramm, er hat seine verschiedenen Teile, die mit den Forderungen der Gesellschaft in Einklang gebracht und abgespielt werden; allerletzt das standesgemäße Begräbnis und der der Hinterlassenschaft entsprechende Grabstein. Vergessenwerden ist dieser Menschen Los. Aber der Mensch des Geistes verfolgt seine Ziele in der Stille; er erscheint, lebt und enteilt oft der Welt unbekannt, doch ihm wird Unsterblichkeit zuteil.

16

Des denkenden Menschen tätiger Geist, des Künstlers schöpferische Phantasie, sie suchen die Stille, denn nur in ihr können sie laut zum Ausdruck kommen.

17

Unsere Gedanken entstehen durch die Tätigkeit zweier Zentren, dem eigenen und dem weckenden; die Kraft des eigenen strebt der des weckenden zu, und findet in der Vereinigung die Erfüllung.

18

Nicht für eine Vergeltung, noch für ein besseres Dasein, auch nicht für ein künftiges Leben kämpfe ich, sondern des Lebens Kraft bedingt durch sich selbst des Lebens Müssen.

19

Haben wir wirklich unser Schicksal in Händen? Oder sind wir nur Werkzeuge, die dem Gebot des Werdens dienen?

20

Mancher Menschen Sterben wird anderen zum Leben und Werden. So sollten wir darob nicht trauern.

21

Alles in der Welt und so auch unser Leben, ist ein ewig Auf und Nieder, bis zum letzten Niedergang.

22

Die noch vor wenig Jahren so ungünstige Stellung der Frau machte es ihr fast zur Unmöglichkeit, in richtiger, ihr innelebender Weise ihre Phantasie und schöpferische Kraft sich gestalten zu lassen.

23

Nicht Liebe zu Männern – sondern die Liebe zu dem einen Manne weckt ergänzend des Weibes schlummernde Kräfte, dass sie sehnend nach Gestaltung streben.

24

An unserem Wesen kann sich durch uns selbst oder durch eines anderen Einfluss eine vollständige Umwandlung vollziehen; am schönsten gestaltet sie sich jedoch da, wo beide Einflüsse einheitlich zusammenwirken.

25

Auch ein ausgesprochener Charakter kann umgeformt werden, jedoch nur im Rahmen seiner Eigentümlichkeit.

26

Unser Wesen muss seiner Bestimmung sich entgegenbilden, um sie erfassen und verstehen zu können. Aus diesem Werden ersteht dann jenes Glücksgefühl, das uns fast zu groß zum Erfassen deucht.

27

Wenn uns die Erkenntnis geworden, dass wir einem Mann, den wir schätzen und lieben, weder durch Äußeres noch durch Verstand etwas zu sein vermögen, so suchen wir instinktiv nach einem anderen Band, etwa – ob unser Wesen doch ein *Gernhaben* sich gewinnen könnte?

28

Wenn wir jemanden recht lieb haben, so recht von Herzen lieb, so wird in uns ein Wünschen laut, erst zaghaft und zart, dann aber mächtig und machtvoll, der Wunsch: dem geliebten Menschen etwas zu *sein*.

29

Umsonst suchen wir Vollkommenheit, jedoch das Suchen nach ihr vervollkommnet unser Selbst.

30

Es wird der Mensch durch Liebe, was er werden muss.

31
Mich streift dein Arm, ich fühl' dein Leben –
könnt'st du die Hand aufs Haupt mir legen,
mir würde – Werden.

APRIL.
Wandlungen.

1

Ohne Sinn scheint uns das Leben und der Mensch ein Narr, dem aus Versehen ein Herz gegeben wurde.

2

Sieh, eine Naturerscheinung oder eine Landschaft erscheint jedem Menschen verschieden, löst ganz andere Gedanken und Empfindungen bei jedem einzelnen aus; denn einen jeden leitet und beherrscht ein treibender Gedanke, sei es nun Eitelkeit, Ehrgeiz, Gefallsucht, Egoismus, Hass oder Liebe. Durch diese Eigenschaften gesehen, ergibt sich jeweils ein anderes Bild.

3

In nimmerruhendem Flug schwirren Schwalben am Abendhimmel hin und her, lieblich fürs Auge als Belebung der Landschaft. Doch unruhig und unstet sind sie nicht nur in ihrem Wandertrieb, sondern auch in ihrem Flug. Sie mahnen an Flatterhaftigkeit und Vergessen, an Vorübergehen, an Vergänglichkeit.

4

Manchmal blickt des Mondes vollgerundet Antlitz wie geringschätzig, oft auch gleichsam schalkhaft auf uns nieder; und doch, wir nennen ihn den guten lieben Mond. Auch Menschen gibt's mit derart runden treuherzigen Gesichtern, die trotzdem falsch und treulos sind.

5

Tief verhängt ist der Himmel mit Wolken schwarz und schwer, drohend verschließen sie gleich einer Mauer das Tal und unbewusst lauscht das Ohr nach fernem Donnerrollen. Das Auge aber schaut und schaut, es gräbt sich in die dunklen Massen ein und späht suchend, einen Lichtspalt zu erhaschen, einen Lichtblick – eine Hoffnung.

6

Wetterleuchten sind Blitze des Glücks; überstrahlende Wärme ist's, die sie erzeugt, und ihnen folgt weder Donner noch Sturm.

7

Auf Regen folgt Sonnenschein, so heißt es – auf Sonnenschein folgt Regen, so kommt es – ist immer so gewesen und wird auch immer so bleiben. Regen- und Sonnentage, die gleichen sich aus, aber die trübe, die dunkle Zeit, das ist die längste. Beim Regen ersteht Hoffnung auf Sonne, nach heißer Sonnenzeit erfreut erfrischender Regen; aber lang, endlos lang, dünken die Zeiten im Leben, da es trüb und düster, dunkel und hoffnungslos ist.

8

Zerfallene Burgen auf steiler Höh! Sie dünken mir Grabsteine entschwundener Größe auf dem Kirchhof der Welt.

9

Gewiss ist das frische dichte Laubdach des Waldes gar reizvoll und schön, aber ich kann mir die Größe des All und des Lebens, die ich im Wasser erschaue, nicht in der Bäume Laub erdeuten; es ist grün, es wird golden und es stirbt, und dann erst muss es wieder werden, und immerzu so fort. Es ist allzu menschlich, allzu veränderlich, es lässt das Gefühl der Größe, der Macht, des Ewigen nicht aufkommen.

10

Ein uns liebes altes Haus, ein alter Garten! Ungehemmt und ungepflegt ergehen sich die Ranken der Rosen über Baum und Strauch in wilder Lust. Doch weit stärker noch, und die Gedanken eisern fesselnd, umschlingen uns bei diesem Anblick jene anderen Ranken, die mächtigen Ranken der Erinnerung.

11

Jahreszeiten wirken nicht gleich übergeworfenen Gewändern, sondern sie verändern auch den ganzen Charakter der Gegend; anders erfasst uns die heißverzehrende Sommermittagsglut, anders des Winters ernste, strenge Nacktheit.

12

Die Stimmung unserer Umgebung prägt sich unwillkürlich unseren Zügen auf.

13

Wie vor heranziehendem Gewitter die Vögel ängstlich umherflattern, so zittert die bangende Seele vor dem drohenden Geschick, an dem sie sterben muss.

14

Ach wir treiben oft umher wie ein steuerlos Boot auf weiter See, und wähnen in der Verzweiflung des Verlassenseins, nur im gänzlichen Untergang Ruhe finden zu können.

15

In einem Garten wandle ich gar oft bei seltnen Bäumen, seltnen Pflanzen, und streift auf schmalem Pfad mein Kleid Mimosenblätter, so schließen sie sich rasch vor meinem Blick. Und gleich Mimosen gibt es just auch Menschen. Komm' ihnen nicht zu nah, sie schließen sonst ihr Herz.

16

Ein Leben reich an Missgeschick misstraut dem Glück.

17

Es kann nicht jeder glücklich werden, denn dazu muss man stille sein, das Glück, es flieht die laute Lust.

18

Wenn ich dem Feuer weder Holz noch Kohle gönne, kann es auch keine Wärme spenden.

19

Liebe, die nicht beglücken kann, ist wie ein Vogel mit gelähmten Schwingen, wie eine Blume ohne Farb' und Duft.

20

Es ist eine traurige Erkenntnis, die einem oft wird, dass man trotz viel und aller Liebe, doch nicht *das* tut, was diese möchte und erstrebt, weil es hässliche, echt menschliche Widersprüche im Herzen gibt.

21

Geht wohl ein gut Gedächtnis Hand in Hand mit Nichtvergessen? Ein Irrtum ist dies wohl, denn schlecht Gedächtnis oftmals nicht vergisst, doch wenn es just ihm passt, ein gut Gedächtnis gern vergisst.

22

Graue Wölkchen aus der Esse
steigen aufwärts, steigen nieder –
werden von dem Wind verblasen,
sind verweht, sind weggewischt –
nichts mahnt an ihr Dagewesen,
und sie fassen kannst du nicht.
Ja, so sind des Alltags Worte,
leer Geschwätz und leerer Schein –
keine Wärme, nichts, das bliebe,
gleich verweht – weil ohne Sein.

23

Wenn uns ein Mensch entgegenkommt voll Wärme und voll Sonne,
wer möchte da mit einem Schatten hemmen – und wenn's ein Schatten voller Liebe ist!

24

Gar oft ist edler Gleichmut nicht Beherrschung und folgert einfach
aus Gleichgültigkeit, deucht tugendhaft und rührt doch nur vom kalten Herzen. Wozu auch dann ein Feuerbrand? Er ändert nichts am
toten Stein, verfällt in sich zurück und wird zu Asche, die der Wind
zerstreut.

25

Glaubst du wohl, dass Herzen es gibt, in denen die Nacht, – oft ewige
Nacht – ihren Einzug hielt?

26

Der Mensch rühmt sich seines machtvollen Willens, und doch wird
gerade er von zwei Mächten ganz beherrscht: seiner Vorbestimmung
und der Kraft des Gedenkens; diese beiden setzen der Entfaltung seines Willens die Grenze. Aber dem Menschen ist nichts daran gelegen,
sich darüber Rechenschaft zu geben, weil er sich lieber machtvoll
dünkt.

27

Ach, dass so rasch die Zeit enteilt, die uns beglückt! Kalt tritt das rastlose Leben über die Liebe hinweg, wie die Woge im Ufersand der
Tritte Spuren verwischt.

28
Wenn wir unbewusst einem uns teuren Menschen wehgetan haben, wie schmerzt und brennt diese ungewollte Schuld! Aber was ausgesprochen ist, gewinnt Gestalt – und doch, wir möchten es ja auswischen, ganz, und für immer.

29
Aus Mitleid kann Teilnahme und Interesse erstehen, selten Liebe.

30
Und Erde wird zu Stein, und Stein kann wieder Erde werden. Also ist es mit der Menschen Herzen gar oft bestellt.

MAI.
Sehnsucht.

1

Warum legst du, allmächtiges All, diese große Sehnsucht nach Liebe –
nach großer weitfassender Liebe – in mein kleines menschliches Herz!
Du gibst dieser Liebe Gestalt und gibst ihr Leben; doch wenn ich sie
erfassen möchte, entflieht sie mir.

2

Unendlichkeit – unabsehbare! Unbegrenzt der Blick, unbegrenzt der
Gedanke! Weder Berge noch Hügel, weder Menschen noch Siedelung
– nichts in der Weite, nichts – ausgebreitet liegt das All, gewölbt dar-
über wieder All – und in der Stille groß und weit, ich allein, ich – ganz
allein.

3

Sehnsucht, warum kommst du immer wieder, ungerufen und doch so
mächtig über mich! Wie der Gebirgsbach oben auf den Höhen klein
aus den Felsen bricht, um immer stärker anschwellend in beschleunig-
tem Lauf sich in die Tiefe zu stürzen, so gewaltig und fassungslos
überflutet die Sehnsucht mein Herz.

4

Wenn kein Lüftchen sich regt, und der glitzernde Sonnenschein, wie
von unsichtbaren Armen gewiegt, über den Matten ruht, wird meine
Seele von fernen Gedanken getragen – und sie träumt.

5

Schön ist der warme Sonnenhauch, der auf der Landschaft ruht! Die-
ser lichte unbestimmbare Sonnenduft – er ist die große Sehnsucht der
Natur.

6

Sind nicht die hohen kahlen Felsen, die dem Ufer entsteigen, erstor-
bene Sehnsüchte der Natur?

7

Und aus dem tagenden Dämmer erhebt sich der im Schweigen der Nacht geborene Höhenrauch, wie er dem heißen Herzen der Erde entsteigt, und zu den fliehenden Wolken in Sehnsucht nach Vereinigung sich dehnt.

8

Hin zum Ufer eilen die kleinen Wellen mit weißschäumendem Kamm, sie stürzen sich in den bunten Kies und eilen zurück in den bergenden Schoß, und kommen doch immer wieder, immer wieder, sehnsuchtsvoll.

9

Und wieder wird es Abend, und tiefer Dämmer sinkt auf die harrende Landschaft. Namenlose Sehnsucht, verlangende Sehnsucht nach dir, o Sonne, durchbebt mein ganzes Sein.

10

Und siehe, lauschend, mit verhaltenem Atem steigt die Sehnsucht empor, so leise und still, und doch alles bezwingend; sie breitet die Arme weit aus – und machtlos lass ich mich umfangen.

11

Wenn die Gedanken Flügel hätten,
und zögen aus wie in der Nächte Traum –
kahl stünden wir wie ein entlaubter Baum,
wenn die Gedanken Flügel hätten!

12

Wandervogel, der du nach der Sonne ziehst, du bist mir Sinnbild der Sehnsucht.

13

Wie liebt' ich dich, du schönes Meer, als ich dich erstmals sah!
Ich wollt' in leichtem Boot mich zwischen deine Wellen wagen,
und draußen in der Sonne bei dir sterben.
Du hieltst mich hoch und schützend über deiner blauen Flut,
nahmst mich nicht auf in deinem schweigend tiefen Schoße,
und zwangst mich wieder in das harte Leben.
So denk' ich immer dein, wenn sich der Sehnsucht Fittich regt,
bei Tage denk' ich dein, und träume dein die stillen Nächte,

und bei dir rastet meiner Seele Streben.

14
Beunruhigendes Bangen – bangende Unruhe – nicht vor den Menschen, sondern vor dem verschleierten Schicksal erfasst mich, dass es mir könnte verschließen die Quelle meines Lebens, und meiner Seele Sehnsucht versagen.

15
Sehnsucht aus Glück, Sehnsucht aus Weh – zwei gar verschiedene Blüten eines Stammes, doch eins in ihrem Duft.

16
Sehnsucht – Ziel meiner Sehnsucht! Dich braucht mein empfindendes Herz, nach dir verlangt meine dürstende Seele!

17
Bist du's, du unbestimmte Macht, die nach des Tages Müh und Last die Herzen umfängt und mit neuem Hoffen beseelt?

18
Vom Herzen mir steigen so wehe Gluten, und Tränen gar heiß aus den Augen fluten – o Sehnsucht mein –

19
Sag, wo weilest du nicht? In des Tages Neige fällt Blatt um Blatt von den herbstlichen Bäumen – Blatt um Blatt – du kannst nicht herbstlich werden, dir wird nie Blatt um Blatt entfallen, – dir, meiner Sehnsucht!

20
Im Wiesengrunde, unter gebeugten Weiden, klingt des Baches Murmeln wie hoffende Sehnsucht.

21
Sieh, wie die Sehnsucht in Nebelgestalten der Niederung entsteigt, wenn der Tag gesunken, und die Nacht über die Berge schreitet.

22

Hörst du durch den tobenden Sturm, der die Bäume und die Wasser peitscht, die klagenden Laute jener Seelen, die von ihrer Sehnsucht unerlöst das All durchziehn?

23

Wenn im schwindenden Tag das ferne Glockengeläute wie leiser Flügelschlag die Wasserfläche streift, klingt es nicht wie sehnsüchtig Erinnern an entschwundenes Glück?

24

Ach, nur ein einzig Wort war oft die Sehnsucht eines ganzen Lebens, doch unerfüllt verblieb auch sie.

25

Es gibt Empfindungen, die von solcher Macht, dass sie unser Leben besiegen.

26

Was unserer Sehnsucht unerreichbar bleibt, wird uns zum Tod.

27

Weißt du, wie ich an Sehnsucht krank? Ich hebe meine Arme nach der Sonne Glanz, und will die dunkle Nacht umfangen.

28

Glück ist des Menschen Verlangen, Sehnsucht das der Seele.

29

Sehnsucht ist nichts Vergangenes, Sehnsucht ist Unerreichtes.

30

Unserer Sehnsucht entsteigt Leben, aber sie führt uns dem Tod entgegen.

31

Sag, wer schuf dich, Sehnsucht, und wer gab dir solche Macht?

JUNI.
Liebe.

1

Es heißt: im Anfang war das Wort –
mir deucht: im Anfang war die Liebe.

2

Es gibt eine Macht, die Seelen verbindet über Zeit und Raum. Diese Macht ist das Ewige der Liebe, dem kein Name geworden, weil es heilig ist.

3

Liebe erzeugt Leben, aber Leben wird durch Liebe erst Leben.

4

Liebe ist die Zeugungskraft des Geistes.

5

Wie gleichst du, Liebe, den Wassern!
Klar und tief, ohne Grenzen, Lebens voll.

6

Es gibt Glück, das wohl zum Erleben zu groß! Wer schaute in der Sonne Grund, ohne zu erblinden?

7

Menschen gibt's, die scheinbar blind geboren sind; nur eine große Liebe kann ihre Augen öffnen.

8

Dem Schönen sollen wir zustreben, das Schöne sollen wir lieben – und Liebe ist schön.

9

Es gibt aber auch Geiz in der Liebe, den manche Menschen treulich pflegen; Liebe tut ihnen wohl, doch wollen sie keine geben, geizen damit für ein künftig Ideal.

10

Und Widerspruch liegt in der Liebe, denn wenn wir auch allein in ihr uns ganz und restlos aufgeben, so sind wir trotzdem ihr gegenüber egoistisch.

11

Auch Eifersucht zeitigt die Liebe, und Hass und Neid können aus ihr erwachsen; und doch gilt sie für selbstlos.

12

Gerne opferten wir unsere Liebe für des Geliebten Glück, aber das Herz duldet es nicht, es verlangt Gegenliebe.

13

Alles ist wandelbar, auch die Liebe; dennoch liegt Ewiges in ihr. Dieses Ewige der Liebe erscheint uns Bürgschaft, die uns Sicherheit und Halt verleiht.

14

Je größer unsere Mängel und Schwächen, desto größerer Liebe bedarf es, sie zu überdecken. Liebe allein kann uns erlösen von einem tragischen Geschick, das uns bedroht. Glücklich der Mensch, dem solche Liebe wird.

15

Achten, Schätzen, Werthalten, sie alle können von einem Tag zum andern fallen, nur die Liebe ist geduldig und trägt uns, wie wir sind.

16

Was die Liebe nicht weiß, das ahnt sie.

17

Oft hüllt auch tiefe Liebe sich in Gleichgültigkeit, vielleicht aus Furcht, sich verraten zu können.

18

Je persönlicher wir sind, desto strenger in unseren Beziehungen zu anderen. Wir können nicht jedermann »Freund«, nicht jedermann »lieb« nennen, und nur ein Mensch allein wird uns »einzig« sein.

19

Lieben ist bei vielen Menschen nur eine kurze Episode ihres Lebens, eine Handlung wie jede andere auch. Doch Menschen gibt's, deren Lieben ist ihres Lebens Erfüllung.

20

Dass ein Weib vermöchte, das Geistige ganz vom Persönlichen zu trennen, dass es nur das geistige Wesen, nicht aber auch den Menschen liebte – ich kann's nicht glauben.

21

Unsere Liebe sieht Vollkommenheit, weil das, was sie liebt, ihr vollkommen erscheint; sie schaut über Mängel und Fehler hinweg, weil sie diese nicht gelten lassen will noch kann.

22

Das liebende Weib sieht sein Glück im Dienen.

23

Wahre Liebe kennt keine Furcht; Glaube und Vertrauen sind ihre Kraft und Stärke.

24

Gibt es für ein Weib ein beglückenderes Bewusstsein, als sich in eines geliebten Mannes geistiger Gewalt zu fühlen, und in seligem Unwissen seinen Willen zu tun?

25

Ja, wir möchten dem geliebten Menschen immer nur recht viel Liebes tun, rechte Freude und Innigkeit in sein Leben legen, etwas heiße Sonne darin sein.

26

Wie es kommt, dass nicht Stolz uns zurückhält, uns dem geliebten Menschen ganz zu offenbaren? Vielleicht ist es eine uns unbewusste Kraft, die uns bestimmt; eine ahnende Kraft, wir brächten damit auch Freude in eines anderen Leben.

27

Dass ich Worte fände, dass mir ein Gleichnis würde, meiner Liebe Macht zu deuten! Kahl und schal erscheint mir alles zu ihrer Farbenpracht, kalt und tot zu ihrem heißen Leben.

28

Dass ich euch meine Liebe anvertrauen könnte, euch eilenden Wasserwogen! Ach, ihr seid zu wechselnd, zu unbeständig – wie könntet ihr Ewigbestehendes erfassen und sicher bergen?

29

Ich schau in die helle Nacht, und schau in den hellen Tag – und sehe dennoch nichts, als einzig dich.

30

Ja, dunkel und strahlend ist die Liebe, traurig und selig zugleich, Leben und Tod.

JULI.
Hingabe.

1

Weicher Nebeldunst schwebt über Wasser und Land, wie eine über-
quellende Seele unendlich Geliebtes umflutet.

2

O Wunderblume Glück, die du dem Menschen oft aus schwerem
Leid erblühst, sei du gehegt und gepflegt, hingebend, dankerfüllt.

3

Mondnacht, du wundersame stille –
was schroff sich abhebt in des Tages Helle
und hart und scharf sich in den Linien zeiget,
in weicher Anmut flutet es dahin in deinem Glanz.
Nicht Leidenschaften birgt dein Leuchten,
nicht die Begierde heißer Sinne –
ein seliges Sichhingegeben, –
ein inniges Sichanvertrauen
weckt deines Glanzes Zauberkraft.

4

Es liegt Reichtum in der Stille und Fülle in der Einsamkeit.

5

Die klare Mondlandschaft in ihrer erhabenen Ruhe ist uns ein Bild
vollkommener Hingabe.

6

Abendlich die Sonne tauchet unter in der Wolken Fluten, Abend-
schleier sinken nieder friedespendend auf das Land. Friedenshauch
auch liegt auf meiner Seele, wenn sie traumverloren dein gedenkt.

7

Schweift dein Blick dahin über sonnenbeschienene Fläche, so ist es,
als ginge ein leises Wandern von Luftwelle zu Luftwelle, weiter und
weiter. Das sind Gedanken der Liebe, die sich von unserem Sein ge-
löst und, liebebesonnt getragen, den aus der Ferne zuströmenden ent-
gegeneilen.

8

Sonne, wie blinkst du plötzlich hervor aus des Tages Dämmer! Es weicht, o Königin, bei deinem Nahen der Wolken gesammeltes Heer und entfliehet zur Ferne, dein blaues Gezelt aber erstrahlt in neuem, geläutertem Glanz. O Königin der Liebe, ich beuge mich vor dir.

9

Machtvoll teilt das Schiff mit seinem breiten Kiel die klare Wasserflut, die also zurückgedrängt in wallenden Wogen zum Ufer treibt. In unserem Leben, das gleich dem Strome in seinem vorbestimmten Lauf seinem Ziele zustrebt, verursachen eingreifende Ereignisse jene innere Bewegung, jenes Vibrieren der Seele, das in verstehender Liebe Zuflucht sucht.

10

Dass umschlingende Pflanzen uns unwillkürlich an Hingabe gemahnen, ist die Folge des festen Anschmiegens ihrer Ranken an ein anderes.

11

Sieh wie der Vogel der Luft sich vertraut, wie er sich auf ihr wiegt bei seinem Weiterstreben.

12

Von freier Bergeshöh erschaut das Auge erst viel und vielerlei, wird aber bald nur noch auf einer bestimmten Stelle mit Wohlgefallen verweilen, während ihm das andere entschwindet. Wenn wir lieben, sehen wir nur den Einen – Welt und Menschen versinken.

13

In meiner Liebe liegt für mich die ganze Welt.

14

Würd auf den Knien ziehn von Ort zu Ort,
würd sogar betteln gehn ums täglich Brot,
würd schaffen mir die Hände blutig wund –
nur um ein einzig liebes Wort von deinem Mund.

15

Interessiert uns jemand, so schätzen wir seine Worte nach ihrem Nennwert, abzüglich die gesellschaftliche Liebenswürdigkeit. Lieben wir aber einen Menschen, so werden wir nicht müde, seine Worte zu deuten und zu liebkosen.

16

Da, wo wir wahrhaft lieben, ist uns Empfinden und Aussprechen so eins, dass wir ganz vergessen, prüfend zu überlegen; wir fühlen uns in unserer Liebe verstanden und geborgen, darum liegt uns Zweifel und Furcht fern.

17

Es gibt Tage, an denen die Intensität unserer Empfindungen besonders gesteigert ist; wir suchen dann unsere Ausdrücke unserem Empfinden anzupassen.

18

Jeder Mensch hat in seinem Innenleben eine kleine Welt für sich, die er nur einem Menschen, dem einzig geliebten erschließt.

19

Was nach unserem persönlichen Verstehen der Vollkommenheit zuneigt, nennen wir gut oder schön; es beglückt uns und wir sind ihm hingegeben.

20

Ja, das Geistige im Menschen ist's, was ihn uns so schön erscheinen lässt, dass wir ihn lieben *müssen*.

21

Atmet ein Kunstwerk wahre Kunst, so kommen wir überhaupt nicht auf den Gedanken, seinem Entstehen nachzuforschen, sondern überlassen uns ganz den Empfindungen, die es in uns auslöst.

22

Unser Sinn kann durch ein Wesensbild derart gebannt sein, dass wir wandeln wie im Traum, ja auch unsere Augen schließen möchten, nur damit kein äußerer Eindruck das Bild verwischen, oder vielleicht, wenn auch nur auf Augenblicke, störend vor dasselbe treten könnte.

23
Mitnichten erzeugt größere Hingabe an einen Menschen oder eine Sache Schwäche fürs tätige Leben; im Gegenteil, sie entfaltet unsere Kräfte, sodass sich diese scheinbar verdoppeln.

24
Hingabe macht uns nicht arm, sondern reich, denn durch sie empfinden wir zwiefach.

25
Die dem wahren Weibe nur eigene Hingabe wird oft von andern lästig empfunden und irrtümlich als Schwäche bezeichnet.

26
Wahre weibliche Hingabe ist totale Verneinung des Egoismus; mit ihr überwinden wir die Welt.

27
Gib der Schicksalslaune nach, wenn du Glück empfinden willst, füge dich ein in den Menschen, den du liebst.

28
Einem Menschen, den man liebt, kann man alles sagen – was könnte ich auch meiner Liebe *nicht* sagen? Man will es auch, trotzdem ist es nie alles, was man sagen könnte.

29
Es gibt Regungen, die man nicht benennen, sondern nur empfinden, und auch nur empfindend erwidern kann.

30
Das Vollkommenste, was wir als Menschen empfinden können, ist die ergänzende innere Übereinstimmung mit einem geliebten Wesen; sie versetzt uns in den Zustand seligster Wunschlosigkeit.

31
Hingabe kann nicht erlernt noch anerzogen werden, sie liegt ureigen im Menschen selbst.

AUGUST.
Leidenschaft.

1

Es liegen Kräfte in den Herzen der Menschen, die nicht mit einem Machtwort totzuschweigen sind, die sich auch nicht vom Chirurgen mit einem Messerschnitt entfernen lassen.

2

Oft tobt es im Herzen wie draußen auf stürmischer See. Ein kluger Schiffmann zieht die Segel ein und wartet in Geduld, bis sich der Sturm gelegt.

3

Selbst in deinen Fluten, o Strom, würde meiner Seele keine Ruhe werden! Sie würde sich verwandeln in eine deiner klaren Wogen und in ewigem Rauschen ihre tiefe Liebe künden.

4

Weiß wohl die Sonne, dass sie die Knospe erschließt, dass sie die Erde zum Leben erweckt?

5

Träumende Blüte des Mohns, beuge dich nieder – hülle in deinen berückenden Duft mich ein und schenke Vergessen mir.

6

Wie so golden gehest du unter, du Sonne des Tages!
Und dennoch bedrücket mir Wehmut das Herz –
ich möchte dich preisend und jubelnd besingen,
und finde nicht Worte für dich!
So versenk' ich in deine Glut meine ewige Seele
und beuge zur Erde den sterblichen Leib –
denn Dunkel der Schatten, die dir folgen
– – lagert über mir.

7

In manchen Gegenden des Südens gibt man als Stütze den Reben tote Bäume, und die Rebe wächst daran empor und überdeckt den kahlen Baum mit Laub und Frucht. Welche Leidenschaftlichkeit und Wärme liegt in diesem Geschehen. Ideale natürliche Leidenschaft, warm anschmiegendes Leben.

8

Ruhig soll der Mensch sein, voll Gleichmaß und Überlegung! Aber der Strom, der uns so ruhig und gleichmäßig dahinzufließen scheint, er ist unter seiner glatten Oberfläche voll wilden Lebens, das immer und überall durchzubrechen strebt.

9

Hin und wieder entsteigen dem Wasserspiegel des Stromes weiße glitzernde Punkte. Das sind die Tränen, die seiner leidenschaftlichen Tiefe sich entringen und auf der ruhig glatten Oberfläche unbeachtet wieder entschwinden.

10

Wie ein Schiffbrüchiger, verzweiflungsvoll Hilfe erhoffend, sein Gehör schärft, ob es nicht außer des Meeres Rauschen noch nahende Hilfe vernähme – so ersehnt mein Herz von deinen Lippen das erlösende Wort deiner Liebe.

11

Siehe, den Ertrinkenden umschlingen im Tode der Wellen Arme – also möchte auch ich in deiner Umarmung vergehn, und sollte mir's Tod sein.

12

Glück! Undefinierbarer Ausdruck für Unendliches, wie soll ich, wenn du scheidest, deine endlose Leere leben? Weder Arbeit, Mitleid noch Trauer reichen dazu hin – es sei denn gänzliches Vergehen.

13

Was du haben kannst, nimmst du nicht – und was du nicht haben kannst, darnach verlangt dir! Mann oder Weib – du bist ein Narr.

14

Durch unsern Götzen, vor dem wir mit gefalteten Händen im Staube knien, wird uns Vernichtung.

15

Wie die aufgepeitschte See mit ihren wildtobenden Wogen sich an den starren Felsenriffen bricht, so zerschellt in Weh all mein heiß Verlangen vor deinem mahnenden Blick.

16

Wo soll ich hinflüchten vor meiner selbst, dass der Sturm, der mein Inneres zerwühlt, mich nicht hinabstürze aus lichter Höhe in ewige Nacht!

17

Bist du das Schicksal, nach dem mir verlangte, die heiße Leidenschaft meiner geknechteten aufstrebenden Seele?

18

Bist du das weite Meer meiner Seligkeit? Wird mir Schweigen werden in deinem Frieden und ich geklärt mich wiederfinden in deiner Seele Spiegel?

19

Alle Tränen meines Lebens geb' ich dir – lass sie versinken, in deinen Tiefen – – – mich aber zieh empor und halt' mich fest zur Höhe.

20

Was bin ich ohne dich – was ist mein Leben fern von dir?

21

Weit ab, auf dürrem Land, in ödem Sand, ein längst vergessen Grab –
– –

22

Wenn spät die Sonne sinkt in ihrem roten Glanz, ein[e] Weihe aus den Höhen die weiten Kreise zu der Erde zieht – da klingt's wie Singen aus dem tot Gestein.

23

Ach, um das Leid, das immer allzeit neu, und dennoch immer gleich in Sang und Weisen – das Lied von jenem Glück, dem großen heißen, das unserem Leben so viel Leiden schafft.

24

Wahre Leidenschaft kennt keine Begrenzung.

25

Leidenschaft begehrt zu eigen zu sein und rücksichtslos zu besitzen.

26

Seelische Stürme der Leidenschaft weichen keinem eisigen Nordost; ein warmer Südwind aber wird sie mildern, und ein feuchter West ihnen Linderung bringen.

27

Kennst du das schmerzensreiche innere Weinen? Wenn gleichsam du die Tropfen fühlst, wie sie so heiß dir auf das Herze fallen, dass es daran wie Wachs zerfließt?

28

Liebe geht nicht immer mit Leidenschaft Hand in Hand.

29

Aus Liebe kann Leidenschaft erwachsen, nicht aber aus sinnlicher Leidenschaft Liebe.

30

Alles Hohe, Edle, Schöne, steigt aus unserer Seele Leidenschaft.

31

Und es steht geschrieben:
    O dass du kalt oder warm wärest!
    Weil du aber lau bist,
    will ich dich ausspeien aus meinem Munde.[1]

---

[1] Vgl. Bibel: Neues Testament. Die Offenbarung des Johannes 3,15f. (Anmerkung des Herausgebers der Neuausgabe.)

SEPTEMBER.
Erfüllung.

1

Du Kraft, du unbenannte, die du meine Seele hebst zu niegekannter Seligkeit, wo weilest du? Sonne, Luft und Wolken und selbst der Vögel Wanderschar, wir nennen sie Vermittler, Boten – und doch bist du allein die Kraft, du unbenannte, die meine Seele hebt zu niegekannter Seligkeit.

2

Je mehr Energie wir haben, je mehr unser Wille ausgesprochen, und die Kraft zu diesem Willen in uns mächtig ist, umso mehr sind wir Gründer dessen, was wir als unser Glück erkennen.

3

Kennst du die Macht des Gedankens? Sie legt ihre Hand auf dein Haupt, ihre Sehnsucht in dein Herz, und von ihr umfangen wächst deine Seele empor. Was dich umgibt, es schwindet, es versinkt – du aber wirst getragen von ihr, die dir das Leben gibt.

4

Was uns über Leid und Wehe des Lebens schwebend hebt, das ist die tragende Liebe eines Menschen; sie ist uns wie Sonne und Tau den Blumen, die ohne sie welken und sterben.

5

Ein Verweis aus treuem Mund ist ein Geschenk fürs Leben.

6

Oft fühlen wir instinktiv, dass wir eine Sache nicht richtig angefasst haben, bringen aber nicht heraus, wo und wie. Erlösend wirkt in solchem Fall ein treuer Mensch, der uns darüber die Augen öffnet.

7

Wenn wir einem uns lieben Menschen gegenüber im Unrecht sind, so fürchten wir sein Schweigen und wünschen uns seine Zurechtweisung.

8

Schön ist's, einen geliebten Menschen zu haben, dem man alles sagen kann, und im Herzen zu wissen, dass man verstanden wird.

9

Wie beglückend ist doch das Bewusstsein, dass jemand Liebes uns besser kennt und versteht, als wir es selber tun!

10

Die Fragen, die mich bewegen, beantwortet mir das Wesen dessen, den ich liebe.

11

Wie der Duft der Blüte die Vollendung gibt, so der geliebte Mensch unserem Wesen und Sein.

12

Es lauscht das Herz in seinem tiefen Glück, und tausendfältig Leben steigt ihm aus dem Schweigen.

13

Akkorde, ungelöste, ruhen tief in unsrer Seele Grund, sie sind ihr kostbar Kleinod, das zu heben selten nur gelingt. Doch findet sich einmal die Hand, die richtig sie zu greifen weiß und zum Erklingen bringt, so weckt's ein Leben und ein Jauchzen ohnegleichen.

14

Nicht Gleiches, sondern Ergänzung schafft Einklang und Harmonie.

15

Im persönlichen sowie im gedanklichen Verkehr mit Menschen, die wir lieben, erscheinen uns Stunden und Tage wie verkürzt.

16

Was dem einen Glück, ist dem anderen Unglück, was dem einen erwünscht, davor fliehen andere. Somit gibt es kein absolutes Glück, sondern nur ein persönliches.

17

Der Mann sucht weibliche Schönheit, das Weib die männliche nicht; es will nichts Vergängliches, sondern Bleibendes, seine Treue baut sich darauf auf.

18

Dass die Wiese uns mit ihrer Blumenfülle entzückt, das wird durch die Reichheit und Abwechslung ihrer Farben hervorgebracht. So ist es auch im Leben: ein jeder hat Zweck und Ziel im großen Ganzen der Welt.

19

Jedem seine Art, jedem das Seine.

20

Es gibt Grenzsteine im Leben, Lebens- und Mitteilungsgrenzsteine, die überschritten werden müssen; der Mutige tut dies gern, denn es bedeutet ein Weiterschreiten.

21

Durch schöne Lebensbeziehung kann uns ein sonst gleichgültiger Ort lieb und wert werden; der verklärende Glanz schöner Erinnerung ruht auf ihm.

22

Manche Landschaft, besonders weite Wasserfläche, dünkt uns schöner in ihrer stillen Abendfärbung, denn in des Morgens lauten Tönen. Auch die Farben haben ihre Musik; je stiller dieselbe ist, desto lauter kann Herz und Gemüt reden.

23

Der Verfall erweckt nicht immer Bedauern und Trauer, sondern es gibt auch einen Zauber des Verfalls, z. B. in der Landschaft, der uns malerisch anmutet und entzückt.

24

In Herbstes warmer Sonne zittern glitzernde Sommerfäden, spielen kleine schwirrende Mückchen im goldig schimmernden Schein. Kämst du doch daher gezogen in dies heitere sonnige Bild – und ich könnte die Hände dir falten und fände mein Wünschen erfüllt.

25

Letzte Tage des Sommers warum dünkt ihr uns doppelt schön! Da ruht der Blick gesättigt auf den dunkler getönten Fluren, da weitet das Herz sich wonnetrunken der reifenden Sonne zu.

26

Einsame Leben, wie oft ist vergönnt euch ein Herbst nur, kein Frühling, kein Sommer. Doch schön ist der Herbst mit seinen roten und goldenen Tagen, mit seiner reifen Frucht, die in den Schoß uns fällt.

27

Ob Hitze oder Frost, ob Frühling oder Herbst, es redet immer Liebe aus der Natur uns an.

28

Dem Unausgesprochenen haftet immer das Geheimnisvolle an, und diesem geheimnisvoll Unausgesprochenen, das schon dem Kinde gar wichtig ist, wird in späteren Jahren eine heilige Weihe, in der wir uns beglückt fühlen durch das Empfinden des Sicherfüllens.

29

Und die Nacht tritt ein. Mein Auge schweift über die lautlose Wasserfläche, wie sie in den Abtönungen des stillen Grau dem Gemüt das Ausspielen der lauten Töne überlässt, die wiederum in eben diesem Grau ihren Ausgleich und ihre Beruhigung finden.

30

Und Tage und Wochen sie zogen vorüber
in wechselndem wandelndem Geschick –
und plötzlich erwacht
die Erde in Pracht!
Blumenbesät, Früchtebehangen,
wogende Felder, reifende Saaten,
alle wartend ihrer Erfüllung.

OKTOBER.
Heimweh.

1

Nicht kennst du mich?
Das Heimweh bin ich –
zog als Heimweh einst aus
und war nirgends zu Haus.
Heimatlos kehre zurück ich in Not –
sehnendes Herze, nun wird dir der Tod.

2

Wie liegst du oft schwer auf den Menschen, o Heimweh! Da gleichen
die Tage steilen Bergen, die man täglich erklimmen muss.

3

Ja, eine Krankheit bist du Heimweh, in deren höchster Steigerung wir
für das Leben untauglich sind!

4

Schön ist es, wenn die Seele hienieden schon ein Heim gefunden; aber
es kann auch in ewigem Heimweh sich ein Herz verbluten.

5

Zwiefach kann das Heimweh sein: Beglückend in treuem Gedenken,
in unerschütterlichem Vertrauen, in seliger Gewissheit! Doch es zehrt
und lähmt unsere Kraft, und uns erscheint das Leben hoffnungslos,
wenn unser Heimweh einem Menschen oder Besitze gilt, der uns auf
immer entrissen wurde.

6

Es gibt Erinnerungen, die sind uns so heilig, dass wir vor dem Laut
unserer eigenen Stimme erschrecken und verstummen wenn wir, dar-
über befragt, antworten wollen.

7

Das Auge getrübt von Leidgedanken, erkennen wir oft nicht das
Glück, das vor uns steht.

8

Es ist eine eigene Erscheinung, dass, wenn wir in Heimweh befangen, jegliche schöne Harmonie unser Heimwehempfinden nicht mildert, sondern steigert.

9

Wir geben unserem Heimweh nach verstorbenen Lieben eine mild versöhnende Tönung durch Weiterführen und Pflegen dessen, was ihnen im Leben lieb und wert war.

10

Sonne Glück, was wird aus meiner Seele werden, wenn du mir entfliehst?

11

Wie dem Herzen das frische junge Hoffen, so der Rose die zarten Blätter entfallen, welkend, leise, Blatt um Blatt.

12

Heimweh, du steigst wie die Herbstnebel aus der Tiefe und willst meinen Sinn umtrüben! Doch nicht Undank, sondern Dank, nicht Mangel an Vertrauen, sondern volles Vertrauen erfüllen meine Seele ganz.

13

Vöglein im Busch, sing mir dein Heimwehlied – mich friert.

14

Liedern und Weisen eines unterdrückten Volkes ist der Stempel des Heimwehs aufgedrückt.

15

In der Musik eignen sich zur Wiedergabe des Heimweh-Empfindens die Molltonarten, und unter diesen ganz besonders die b-Molltonarten; # erhöht, somit würden die #-Molltonarten mehr dem Sehnsüchtigen entsprechen.

16

In der Malerei werden wir das Heimweh in einer gewissen Eintönigkeit der Farbe ausdrücken, in der Plastik jedoch in der Gruppe, während die Einzelgestalt, in Bewegung und Ausdruck, allein das Sehnsüchtige wiedergeben kann.

17

Die Ansiedlungen einst Ausgewiesener, wie z. B. der Waldenser, tragen alle den Charakter ihrer gewesenen Heimat; sie wurden mit Heimweh erbaut.

18

Ein schöpferisch treibendes Moment wird Heimweh nie sein, nur ein reproduktives.

19

Im Begrenzten wirkt Heimweh, Sehnsucht im Unbegrenzten.

20

Sehnsucht kann sich auf Bestimmtes und Unbestimmtes erstrecken, aber Heimweh ersteht nur nach Bestimmtem.

21

Heimweh ist das Weh nach der Heimat – des Menschen, des Herzens oder der Seele.

22

Bei jedem ist die Heimat ein Anderes.

23

Der Mensch überträgt seinen Heimatbegriff auf das, was ihm das Liebste ist.

24

Der Begriff, der in dem Worte Heimat liegt, gehört zum Menschen, ob er nun hoch oder nieder ausgebildet sei; aber was wir unter Sehnsucht verstehen, liegt nicht in jedem Menschen.

25

Alles Irdische kann an Heimweh leiden.

26

Wenn wir eine Pflanze in einen ihr nicht zusagenden Boden versetzen, so welkt sie dahin.

27
Gar manches treue Tier ist schon seinem Herrn in den Tod gefolgt.

28
Heimweh kann nur da laut werden, wo eine Zugehörigkeit besteht, die unterbrochen ist.

29
Zum Vergänglichen strebt das Heimweh, Sehnsucht zum Ewigen.

30
So liegt zwischen Heimweh und Sehnsucht eine ganze Welt.

31
Wir können uns nach einem Menschen sehnen und können Heimweh haben nach seiner Eigenart.

NOVEMBER.
Betrachtung.

1

Über Glückliche und Traurige wölbt sich gleichstrahlend ein tiefblau-
er sonniger Himmelsbogen, diesen zu jauchzender Freude, jenen zu
bitterem Weh.

2

Von Natur aus ist des Menschen Sinn der Freude, nicht dem Leid zu-
geneigt, aber der Sonnenschein, aus dem er schöpfen möchte, ist ihm
gar oft verdeckt.

3

Mancher Erwachsene freut sich gleich dem Kinde, wenn er einmal
harmlos sich gehen lassen kann, nicht fragen braucht nach Sollen und
Nichtsollen, nach Dürfen und Nichtdürfen.

4

Wir werden nicht nach unseren Wünschen gefragt, sondern jederzeit
kann sich unser Schicksal erfüllen; und es gibt auch nur eine Möglich-
keit es zu wenden: dass wir mit unserem Willen das Schicksal über-
winden.

5

Wenn wir unseren Mitmenschen gönnten, was wir uns selber gönnen,
so gäbe es weit mehr zufriedene glückliche Menschen.

6

Durch Pünktlichkeit in Ausführung unserer täglichen Arbeit und
durch gewissenhafte Erfüllung unserer Pflichten gewinnen wir unge-
heuer viel Zeit, nicht nur für unseren arbeitenden Menschen, sondern
auch für unseren denkenden.

7

Dinge, die leicht missverstanden werden könnten, erörtert man lieber
nicht brieflich. Bei der mündlichen Aussprache bildet ein freundlich
scherzhaft Wort gern die Brücke über die uns bedrohende Gefahr.

8

Höheren Zielen und Verstehen zugewandte Menschen werden in der Sehnsucht Ruhe empfinden, wohl weil die Sehnsucht immer von stillem Hoffen begleitet ist.

9

Oft fühlen wir uns gleichsam nur als Bruchstück, Bruchstück jenes Ganzen, dem unser Sehnen gilt, da erlahmt unsere Schaffenslust und wir werden ängstlich und mutlos.

10

Oft reicht einem Menschen sein ganzes Leben nicht hin „Vergessen" zu erlernen – und vielleicht wird eben dieser Mensch einst in einem einzigen Tage vergessen sein.

11

Wir suchen gern in den Erscheinungen der Natur Deutung für die Empfindungen unserer Seele.

12

Goldgelbes Laub fällt Blatt um Blatt, der Winter naht, doch neues Leben wird dereinst rundum erblühn – Erinnerungen, die uns trüb und schmerzlich sind, lasst uns zu diesen todesmatten Blättern legen, und nur das Lebenbergende, die Hoffnung uns erhalten treu und fest.

13

Wenn wir, durch Schicksale und Erfahrungen geschult, das Leben betrachten, so zeigt sich uns die Liebe als ihre mächtigste Kraft.

14

Das Glück gleicht einem Baum voll schöner reifer Früchte. Schüttelt der Wind seine Zweige, so fallen die Früchte ab, doch gar ungleich verteilt: den einen trifft wenig, den andern viel, manchen nichts. So ist es mit des Lebens Glück bestellt.

15

Wenn wir gewohnt sind, über alle Eindrücke, die wir empfangen, uns ehrlich Rechenschaft zu geben, so treten Fälle ein, wo unser Herz gebietet, Augen und Ohren zu schließen.

16

Hingabe erfolgt aus Liebe und kann mit den Jahren eine schöne Ergebung zeitigen.

17

Jeder Mensch, dem nicht durch seine soziale Stellung schon Pflicht und Ziel vorgesteckt sind, sollte sich solche suchen, denn das befriedigendste Leben gibt treue Pflichterfüllung, und das schönste beglückendste: das Aufgeben seiner selbst in hingebender Sorge um ein anderes.

18

Manche Menschen können nie untätig sein, nie zwecklos untätig; arbeiten die Hände nicht, so tut es der Kopf.

19

Manche können nicht ruhen, bis sie recht bekommen haben, anderen bedeutet es Ruhe, recht zu geben.

20

Je enger der geistige Horizont eines Menschen, desto leichter fühlt er sich befriedigt; darum kann man auch sagen: Dummheit beglückt.

21

Die Beziehungen und Anforderungen unseres Lebenskreises geben unserem Wesen leicht entsprechende Färbung und Klang.

22

Glücklich der Mensch, dem Leidenschaft das Herz ewig jung erhält.

23

Trauer mindert, Freude hingegen erhöht die Kraft zur Tat; sie beschwingt den Geist.

24

Man folgt in seinen Handlungen oft einem inneren Gebot, gegen seine überlegte Einsicht.

25

Die Ursache zu der Unruhe und den Erregungen unseres Lebens liegen weit weniger in den äußeren Verhältnissen als in uns selbst.

26

Indem wir einem inneren Drange Folge leisten, immer der vollen Wahrheit Ausdruck zu geben, vertreiben wir sie oft aus unserer Nähe, und erhofftes Vertrauen wird uns nicht zuteil.

27

Jage mit Wahrheit nicht Wahrheit von deiner Seite.

28

Je vorgeschrittner wir in der Erziehung unseres Selbst sind, desto höher stellen wir unsere Ansprüche an Menschen, die uns näher treten möchten.

29

Oft reden wir mit übervollem Herzen nur von des Alltags Allergeringstem, weil das Herz seine Überfülle nicht so rasch in Worte umzusetzen vermag.

30

Tausende der Tage verleben wir, und doch ist keiner dem andern völlig gleich; auch wenn wir es erwünschten, liegt die Gestaltung doch nicht in unserer Macht.

DEZEMBER.
Erwarten.

1
Und also stehe ich auf der Höhe: sie ist mir Gegenwart, und ich genieße der sonnigen Stille. Vor mir ausgedehnt die weite Ferne, Hügel und Land, Fluss und Bäche, Licht und Schatten: das ist die Vergangenheit mit all ihren Erinnerungen. Mir im Rücken aber dehnt sich den Hang hinan ein dichter dunkler Wald: das ist die Zukunft mir, die ewig unerforschte.

2
Trüb ist's und kalt, im Garten peitscht der Regen wild die Bäume, und statt zu trauern jauchzt mein Herz, und jedem Blatt, das in die Lüfte stiebt, ruf' lachend einen Gruß ich nach!

3
In Erwartung einer großen Freude befällt uns eine innere Scheu davon zu reden, eine Scheu aus Furcht, die bevorstehende Freude könnte zerfließen wie eine buntschillernde Seifenblase. Schon als Kind empfindet man Furcht aus Freude – in Erwartung der Freude.

4
Es gibt Zeiten und Tage, die wir lange ersehnen, ferne Punkte an unseres Lebens Horizont. Und Tage und Nächte, die zwischen uns und einem solchen gelegen, sie entweichen lautlos, bis plötzlich vor uns steht, was wir erhofft. Da möchten wir es fassen und können nicht – möchten reden und sind stumm geworden. Und wartend, bangend, lauscht unsere Seele, ob ihr jener Akkord wohl erklinge, dass Verstandensein ihr geworden.

5
Oft sind wir den Menschen gegenüber, die wir am liebsten haben, am ungerechtesten, weil wir mit dem Maßstab unserer Liebe messen, und der ist zu groß.

6
Duftige Nebelschleier erfüllen die Morgenluft mit ihrem märchenhaften Zauber! Geheimnisvoll liegt die Welt unter einem undurchdringlichen weißen Meer zu meinen Füßen. Also geheimnisvoll, ungekannt, unerforscht, ist auch unseres Lebens ewige Zukunft.

7

Alles im Leben steuert einem vorbestimmten Zweck und Ziele zu, dem wir uns fügen und anpassen müssen.

8

Gar Vieles vollendet sich im Leben – muss sich vollenden – nach Gesetzen, die wir nicht ergründen können.

9

Wenn uns im Leben Missgeschick und Unglück kommt, wer möchte sagen, dass es dies tatsächlich ist? Ist es nicht eine Stufe in unseres unbegreiflichen Daseins und Werdens Gang? Eine Stufe, die uns dem Abgrund als Beute zuführt, oder eine Stufe, die uns erhöht, eine der vielen, die wir ersteigen müssen, um annähernd das zu erreichen, wonach die Seele Verlangen trägt?

10

Es ist gut, dass unser Wissen nicht über den Tod hinaus reicht. Durch Wissen des Ewigen würden wir untauglich für das Zeitliche.

11

Das „Nichtwissen" der letzten Zukunft, das ist das große Gebiet der Phantasie, ist ihr ewig nicht erreichbares Ziel, erzeugt die nimmerruhende Sehnsucht.

12

Wenn wir einen Menschen lieben, ohne dass er uns in gleicher Weise wiederliebt, so befällt oft plötzlich bange Furcht unser Herz, Furcht ihn zu verlieren, denn nur Liebe allein vermag unsere Mängel zu überdecken.

13

Es gibt viele und vielerlei Kämpfe im Leben; der bitterste ist wohl der gegen das eigene Herz und dessen Liebe. Ist diese so stark, dass sie sich selbst zu tragen vermag, so ist der Sieg unser, doch auf Kosten des eigenen Lebens.

14

Die Tragik unseres Lebens liegt darin, dass wir nie voll erreichen, was wir erstrebt, dass uns nie das, was wir begehren, so zuteilwird, wie wir es uns wünschen. Suchen wir Wünschen und Geschehen in Einklang zu bringen, so nehmen wir dieser Tragik ihre Bitterkeit.

15
Wenn ihn Schweres befällt, verwünscht der Mensch sein Leben; und doch klammert er sich wieder daran fest und bittet um Frist, wenn es ernstlich gilt zu scheiden. Es kann eben das Erhoffen von Sonne und Glück in ihm nicht untergehen.

16
Nimmer ist der Tod Vernichtung, sondern das Leben verlässt seine Hülle nur, um in neuer Gestalt zu erstehn.

17
Erwartung streift immer das Gebiet der Phantasie.

18
Was mag wohl die Ursache sein, dass uns oft plötzlich, ganz unvermittelt, eine glückselige Fröhlichkeit überkommt so überwältigend, dass wir aufjauchzen möchten voll Lust?

19
Oft träumen wir wachend von Ersehntem und Erhofftem und wundern uns dann ob seinem Fernbleiben.

20
Wüssten wir, was uns im Leben bevorsteht, wir würden mutlos oder fassungslos vor Glück; beides taugt nicht fürs praktische Leben.

21
Wenn dein ganzes Wesen nach Mitteilung, nach einer Aussprache drängt, so gib diesem Verlangen nach, denn du folgst damit einem Gebot, das sich erfüllen muss.

22
Das Ideal-Sinnliche kann sich vom Real-Sinnlichen nicht frei machen, das ist der stete Kampf. Die Zugehörigkeit eines Teiles unseres Wesens zu Mutter Erde lässt sich eben nicht verleugnen; darum sind und bleiben wir mit ihr Erwartende.

23
Das ganze Leben ist Erwartung, selbst unser letzter Atemzug.

24

Wir sind oft derart in Erwarten befangen, dass wir übersehen, dass das Erwartete längst an uns vorüber ging.

25

Schnee ist die Decke des Vergeltens, darunter die Erde von des Jahres Last und Arbeit ruht.

26

Wie Christrosen aus dem Schnee, so unser Hoffen aus dem Vergessen.

27

Bist du nicht oder bist du – Gerechtigkeit? Lass mich nicht vergeblich deiner warten.

28

Wie in der ersten Morgenröte der Tag erwacht, so zieht die scheidende Seele der tagenden Zukunft entgegen.

29

Ich sehe, wie du mir winkest, wie du mich antreibst, den Pfad zu betreten – und ich kann den Fuß nicht von der Erde heben, die ihn mit unlöslichen Fesseln gebunden hält.

30

Meine Seele kann ja noch nicht scheiden! So greife nicht so verlangend nach ihrer Erdengestalt. Soll sie denn ganz verlassen bleiben?

31

Wir erwarten – und doch ist uns fremd, was wir erwarten – und ewig wird es fremd dem Menschen bleiben.

Wir streben nach Klarheit und Erkenntnis,
doch in Dunkel gehüllt bleibt das Unbekannte.

II. FOLGE

JANUAR.
Vom Leben.

Über den Wassern schwebte das Leben, und schon die Wasser sie waren Leben.

Leben ist Urkraft, Ursein, Urwerden; Leben ist alles.

Die ganze Welt, das ganze All atmet Leben in schöpferischem Gestalten.

In den Tiefen der Meere, in des Weltalls Gestirnen – überall Leben!

Auch die Nacht mit ihrem großen Schweigen redet, denn auch sie ist Leben.

Was spricht, hat Leben – und die ganze Natur, sie spricht zu uns.

Der Mensch will im weiten Sinne leben, darum auch sucht er Glück; Leben ist sein bedingtes Ziel, Glück sein erstrebtes.

Das Lebendige beherrscht das Tote; der Tod aber hat nur scheinbar und nur vorübergehend Macht über das Leben.

Wie der Baum lebt, wenngleich sein Laub erstorben zur Erde fällt, so das Leben, wenn auch die Körperhülle zu Staub und Erde wird.

Unser Lebendiges, das ist die Seele – sie ist Leben, und nimmer hat der Tod Macht über sie.

Aus dem Lebendigen wächst die Liebe, und wiederum aus der Liebe das Lebendige.

In stetem Kreislauf erneut sich Leben und Liebe – und alles bleibt Leben, ob es gleich stirbt.

All unser Tun und Handeln wird durch die Kraft des Lebens bedingt, denn Kraft verlangt Leben, und Leben will leben.

Unser Leben hat vielerlei Gestalt und ist vielerlei Wandlung unterworfen – unser Leben gleicht dem in der Natur.

Auch unser Leben hat Jahreszeiten, hat Steigen und Fallen, hat Tag und Nacht.

Die Lebenskraft treibt zur schaffenden Tat – je mächtiger diese Kraft ist, desto größer ihr Wirken.

Was klagt ihr über Leid und Weh? Braucht nicht die Pflanze Sonne und Regen, Wärme und Kälte, auch Schatten und Licht, damit sie wird?

Wie aus der Winterruhe der Natur schönstes Leben ersteht, so des Menschen Geist aus der Seele Stille.

Und wie das allumfassende Leben in der Welt allmächtig, so ist es auch im kleinen in des Menschen Brust.

Schon in der Wiege umsorgt – also beginnt unser Leben.

Kummer und Not, Mühe und Arbeit, Glück und Reichtum, Ruhm und Glanz – nach allen greift das Leben, oder wird von ihnen ergriffen.

Es wird ein Mensch in seiner Jahre Blüte uns entrissen: gestorben ist er, sagen die Menschen – unsterblich für uns, spricht die Seele.

Oft gleicht unser Leben einem lieblichen Sommertag, oft einem sonnenlosen Winter.

Des Menschen Denken und Tun, des Menschen Lieben und Hassen – alles dies, es zeugt vom Leben.

Wie in der Natur Leben mit Liebe schafft, so in des Menschen Herz Leben nach Liebe verlangt.

Liebe, du bist Leben, Liebe, du bist Kraft – einzig du bist Lebenskraft.

Das Leben treibt ein eigen Spiel,
gibt wenig hier und dort so viel –
doch alles hat sein Zweck und Ziel
in diesem bunten, ernsten Spiel.

Tod und Vergehen liegt auf den Schlachtfeldern ausgebreitet – Tod
und Verwüstung. Und dennoch steigt auch hier volles Leben wieder
empor.

Was vergangen, wird vergessen ob der Macht des Lebens.

Wie es sich auch zu dir gestellt, du hast das Leben liebgewonnen, und
Abschiednehmen tut dir weh.

Du legst wohl deine Glieder zum letzten Schlummer nieder, doch
deine Seele sie ist frei, und ihrer ist das Leben.

FEBRUAR.
Vom Gegensätzlichen und Gleichgültigen.

Gegensätze liegen in der Welt, sie *müssen* in ihr liegen.

Wo vielerlei Kräfte tätig sind, werden sich immer Gegensätze finden.

Im Menschen liegt Widerspruch, in der Natur nur scheinbar.

Der scheinbare Widerspruch in der Natur löst sich von selbst auf, der Widerspruch aber im Menschen der muss durchgekämpft werden.

Gegensätze in unserem Ich und unserem Leben können durch waltende Verhältnisse zu unüberwindlichen Widersprüchen sich steigern.

Ich soll, und kann nicht – ich will und darf nicht. Ein solcher Zustand bedeutet Zurückdrängung des Lebens und ist gleichbedeutend mit Tod.

Gleich wie Gegensätzliches unser Liebesempfinden steigert, indem es unser Wesen zu einer gewissen Vervollkommnung drängt, so kann es auch dasselbe durch fortgesetztes Zurückstoßen vernichten.

Das Schaffen der Gegensätze steigert die Kraft des Wollens.

Widerspruch fördert und stählt die Denkkraft.

Aus gutem objektiven Widerspruch kann sehr viel gelernt werden.

Subjektiver Widerspruch ist leicht falsch und gehässig.

Im Widerspruch liegt oft beharrender Eigensinn.

Widersprechender Eigensinn wirkt anmaßend und aufdringlich.

Eigensinnigen Menschen wird das Widersprechen zur schlechten Gewohnheit, zu einer schleichenden Krankheit, die sie zuletzt aus ihrem Kreise ausstößt.

Widerspruch klingt immer unliebenswürdig, wenn er nicht sehr fein eingekleidet wird.

Widerspruch eines Freundes kann uns Richtschnur werden.

Widerspruch eines geliebten Menschen erfreut das Herz, ja, er ist uns sogar oft erwünscht, weil wir seine Berechtigung anerkennen.

Am schönsten löst sich die Gegensätzlichkeit in der Liebe auf, wo sie vollen Einklang austönt.

Widerspruch eines Fremden leiten wir von Neid oder Gleichgültigkeit ab.

Zuviel Gegensätzliches kann auch Gleichgültigkeit bewirken.

Gleichgültigkeit ist eine gleichgültig farb- und kraftlose Eigenschaft; durch seine Gleichgültigkeit wird uns ein Mensch gleichgültig.

Hohe Leidenschaft ist der Gleichgültigkeit fremd.

An der Klippe der Gleichgültigkeit strandet oft das Schiff auch des besten Pädagogen.

Trägheit und Bequemlichkeit sind die Wurzel der Gleichgültigkeit.

Nur durch Weckung des Ehrgeizes kann Gleichgültigkeit beseitigt werden.

Man kann nicht allem im Leben gleich warmes Interesse entgegenbringen, sondern jeder wird sich mehr oder weniger Bestimmtem zuwenden und für das Andere interesselos – aber mitnichten gleichgültig – sein.

Widerspruch zeugt von Kraft, Gleichgültigkeit von Schwäche.

Widerspruch ist Fülle, Gleichgültigkeit Mangel an Wollen.

Die Waage des persönlichen Wertes steigt durch Widerspruch, und fällt durch Gleichgültigkeit.

MÄRZ.
Vom Erziehen und Erzogenwerden.

Ach, die Menschen vermeinen zu erziehen! Und doch erzieht uns nur das tätige Leben.

Das Kind ist hilflos, das Kind steht nicht selbstständig im Leben, darum muss es erzogen werden.

Aber auch das Kind wird nicht eigentlich erzogen, sondern nur gezogen für die große Erziehung des Lebens.

Du bist dieser Macht des Lebens in der Welt verfallen, und du musst dich ihr fügen, du musst dich gewissermaßen durch sie erziehen lassen.

Das Leben hat gar viele Mittel zur Hand, den Menschen zu meistern und gefügig und mürbe zu machen.

Es erzieht dich täglich, stündlich, es erzieht dich noch im Sterben – zur Geduld.

Der Kindheit, die gezogen wird, folgt oft ein langes Leben des Erzogenwerdens.

Das tätige Leben hat aber kein weiches Herz, es macht sich seine Aufgabe leicht, es verlangt, dass wir uns *selbst* erziehen.

Die Pflanze, der Baum, sie werden vom Gärtner gehegt und gepflegt, gar sorgsam großgezogen.

Du aber als Mensch, stehst im Grunde immer einsam in der Welt, und das Selbsterziehen wird dir schwer.

Du blickst um dich, und dir schaudert vor den Forderungen, die an dich herantreten.

Wie sollst du all dieses Erziehens Herr werden? Wie wirst du die ersehnte Harmonie deinem Leben geben?

Die äußeren Umstände wären noch das geringste – wenn du dir nur immer eine Aufgabe stellst.

Hast du einen Beruf, so sei darin treu, aber werde nicht einseitig in deinen Interessen.

Hast du keinen Beruf, so schaffe dir einen, der deinen Anlagen entspricht.

Bist du eine Ehe eingegangen, so hast du dir mit diesem Schritt das Leben begrenzt; aber gehe nicht, wie so viele, in ihr unter, sondern erziehe dich weiter, indem du die Verhältnisse, in die du nun gestellt, richtig erfassest und dein Empfinden und Denken jung erhaltest, denn auch dies sind deine Kinder, die du zu erziehen hast.

Ja, die Ehe ist leider oft keine verständige liebevolle Erziehungsstätte, sondern eine schwere Strafanstalt, und Gekettete wandeln darin.

Sorge, dass dein Herz nicht immer kleiner und enger werde; spanne es aus, weite es aus, lehre es alles mit Liebe umfassen.

Aber nicht nur für Menschen und Natur soll dein Herz sich weiten, sondern auch für das Leben mit seinem Tun und Denken, mit seinem Erfassen und Verstehen.

Erziehe deinen Geist zu immer schärferem konzentrierterem Denken, zur Vertiefung in des Lebens Sinn, zum Erheben aus des Tages Schwere.

Erziehe dein Herz zum liebenden Opfern seines Selbst, lasse es hart werden gegen sich, aber weich für andere.

Schüre stets die milde Flamme seiner Liebe, dass, wer dir naht, sich ihrer Wärme erfreue und mit dankbarem Empfinden von dir scheidet.

Lass alle Regungen der Seele sich frei entfalten wie die Blüten in der Sonne Glanz, dass sie Duft und Schönheit ausströmen, deiner Umgebung zur Freude.

Lass das Erziehen an dir zur lieben Gewohnheit dir werden, dir als ganz selbstverständlich erscheinen, so wirst du auch Menschen finden, die dich verstehen.

Im Verstandenwerden ruht große Kraft, und wem sich diese offenbart, der ist nimmer einsam.

Verstandensein – ja, Verstandenwerden erzieht.

Du hast dich lange bemüht, den Forderungen des Lebens nachzukommen, indem du dich erzogst.

Du hast gar hart gekämpft, du hast die Ruhe dir so schwer errungen, da immer du allein erzogst.

Des äußeren Lebens Stürme haben ausgetobt, nun möchtest du die Lenkung deines Schiffleins legen in eine treue Hand.

Es neigt die Sonne sich zum Abend – und Sehnsucht erfasst dich nach »Erzogenwerden«.

Du möchtest endlich heim – du möchtest von liebem Sinn erzogen sein.

APRIL.
Vom Überlegen und Klugsein.

Des Menschen Herz ist geneigt, dem Empfinden das Handeln rasch folgen zu lassen; der Verstand jedoch spricht: erwäge und überlege.

Wir staunen täglich ob der Klugheit im Walten der Natur.

Impulsiv handelt der Mensch nach raschem Überlegen, das Tier aus instinktiver Klugheit.

Zum richtigen Handeln muss das rasch Überlegte erst von der Klugheit geprüft werden.

Sehr überlegte Menschen wirken leicht berechnet und stoßen dadurch ab.

Im Überlegen liegt eine Absichtlichkeit, liegt Suchen nach Begründung, nach Rechtfertigung unserer Absicht.

Überlegung liegt in der Klugheit, jedoch folgt auf Überlegen nicht immer kluges Handeln.

Nicht jeder Kluge ist weise, aber ein Weiser ist immer klug.

Nicht jedem Menschen ist es gegeben, klug sein zu können; so suche er Klugheit, indem er nach ihr strebt.

Nach jener Klugheit sollen wir streben, die aus reinem Herzen und ruhigem Verstand erwächst, sie wird uns sicher leiten.

Die Klugheit, zu der unsere Charakterschwäche uns treibt, wird selten zu Edlem führen.

Es ist dem Menschen der Verstand gegeben, dass er überlegt handle, und dass er lerne klug sein.

Wir können durch Überlegung Gutes und Schlimmes verursachen, und zwar durch Nichterkennen des richtigen Zeitpunktes für helfendes Eingreifen; oft geschieht es zu früh, oft kommt unsere Hilfe zu spät.

Die Klugheit muss die Dauer der Überlegung bestimmen.

Überlegter Rat macht vorsichtig, kluger Rat wird zur Stütze.

Wir lieben kluge Menschen, wenn sich zu ihrer Klugheit Gemüt und edle Denkungsart gesellt.

An die Schlange gemahnen uns manche Weltklugen, die uns umschleichen uns zu gewinnen, und dennoch sich uns entwinden, sobald wir sie fassen wollen.

Die schönste Klugheit ist die angeborene, sie ist absichtslos und wirkt überzeugend.

Herzenskluge Menschen sind im wahren Sinne ihrer Umgebung Erquickung.

Mit lieben klugen Menschen leben, ist wie ein täglich Sicherneuern, es bewirkt gedankliches Jungwerden.

Überlegen ist dem Menschen ein Notwendiges, aber edle Klugheit ist ihm Schmuck.

Durch Klugsein können wir Bosheit entwaffnen und Unheil abwenden.

Berechnete Klugheit hat schon viel Herzeleid verursacht.

Oft kann, trotz seiner schönen Gabe, der Kluge nicht glücklich sein, weil er zu deutlich Licht und Schatten seines Lebens erschaut.

In seinen Leidenschaften spottet der Mensch des Klugseins, zu seinem eigenen Schaden.

Jede Tugend kann ausarten, sie wird dann zur Untugend, und kann sogar zum Laster werden.

Im Empfinden wahrer Liebe sollte kein Überlegen Raum haben.

Zu viel Überlegen und Klugsein raubt der Liebe Zauber und Duft, denn Liebe will nicht begriffen, sondern empfunden sein.

Die Klugheit der Liebe hat nichts mit der Weltklugheit gemein.

Ja du bist klug, und Klugheit liebe ich – – doch oftmals wünsch ich mir in meines Herzens Grund, du hätt'st das Klugsein ganz und gar vergessen.

MAI.
Vom Sinnen und Träumen.

Schweigen ringsum – verschwiegenes Schweigen.

Zögernd ersteigt die Sonne die noch schlummernden Höhen.

Sie sendet strahlende Boten weckend aus in die Welt.

Und siehe, Leben ersteht, Leben wird laut, Leben ruft nach dem Tag.

Da weint die Nacht im Scheiden über den stillen Wiesen.

Und Menschen wandeln sinnend zur Arbeit, sinnend zur Sorge, sinnend zu ungekannter Freud wie Leid.

Tief aus der Schluchten dampfendem Grund zieht lichter Dünste wogende Wolke empor, wie längst vergangener Zeiten Opferrauch.

Und es erfasst mich frommer Opfersinn und Opferweihe.

»Denk mein –
erzitterte in heiß Verlangen
und Wünschen bebend durch mein Sein
in diesen letzten Augenblicken,
in denen jene duftgen Schleier,
in unsagbaren Zauber hüllend,
mich hoben aus des Tages Leben
in eine traumhaft schöne Welt.«

Hoch steht die Sonne am Zenit und golden-rot erglüht das felsige Gestein.

Wie unter süßer Last dehnt sich und weitet sich die Flur.

Am Waldessaum verspielen kleine Tagesfliegen ihr kurzes Leben wie ein Traum.

Es bebt ein Wogen in den Lüften wie sinnendes Gedenken.

Und durch das Wogen tönt ein Singen – und doch, es ist ein lautlos Singen.

Auf nahem Hügelland liegt heißer Sonnenduft, dass es entrückt erscheint in weite Ferne.

»Noch lange stand ich wortlos, wie gebannt,
wie lauschend jener andern fernen Welt –
ihr wogtet zauberhaft rings um mich her
wie meiner Sehnsucht unermesslich Meer.

Ich muss dich fassen mit der Sehnsucht Macht,
wenn ich mein Selbst aus dir will wiederfinden –
es ist durch dich ein Ton in mir erwacht,
auf den ich lange, lange, lang geharrt.«

Da ist die Sonne endlich müd geworden.

Es legen Abendschatten aus dem nahen Forst wie schützend auf die Erd sich nieder.

Es nimmt das weiche Waldesmoos die kleinen Käfer auf in seinen kühlen Schoß.

Das hohe Wiesengras wiegt sinnend sich in Schlaf, und Grillen zirpen ihren Abendsang.

Dort aus den Uferweiden tönet Nachtigallenschlag, gar süß und lockend in den schweren Sommerdämmer.

Und müde Menschen ziehen sinnend ihren Weg, und denken ob des Lebens hartem Tag.

Sie rasten müde vor der Hütte Tür, und sinnen weiter, – sinnen ihrer Arbeit nach.

Dem Fluss entsteigt aus tiefer Schatten Dunkel ein langsamschreitend Nebelheer.

Das greift mit seinen langen Armen weit übers Ufer in das Land hinein.

Und Abendhauch zieht durch das hohe Ried, es tönt wie ferner Stimmen fernes Lied – als wie Erinnerung.

Ja, lass mich sinnen, lass mich träumen – in Seligkeit.

Ich bin entrückt dem Leben und der Welt – und träume dein.

»Ich halte deinen Arm und halt dich fest,
und doch bist du entrückt mir – – –
und ich – ich werde selbst ein Nebelbild,
ein fernhinschwebend scheidend Nebelbild,
das immer enger, immer fester dich umschlingt,
und in dem Wogenduft mit dir entschwindet und versinkt.«

JUNI.
Vom Wissen und Wünschen.

Ach, um das Etwas, das ich suche – um das Große, das ich liebend suche! Ich wähne es von anderen gefunden und neide sie darum: Und doch, sie habens nicht, das Eine, das mein Herz verlangt; was sie beglückt, es ist der Anfang meines Wünschens kaum.

Im Wissen erwacht das Wünschen.

Kann ich mit Bewusstsein wissen, was ich wünsche, auch wenn ich es nicht kenne?

Wissen und Wünschen sind untrennbar. Wenn ich etwas bestimmt weiß, so folgt diesem Wissen unmittelbar das Wünschen, sei es nun verlangend oder abwehrend; und wenn ich wünsche, wünsche ich empfindend oder handelnd mir Bewusstes.

Vollkommenheit kennt kein Wünschen; unser Dasein jedoch ist der Vollkommenheit gar fern, so bleibt unser Leben eine lange Kette von Wünschen.

Wissen des Wertvollen führt zum Anerkennen.
Wissen in Anschauung ist Erinnern.
Wissen der Empfindung erzeugt Verlangen oder Furcht.

Diejenigen bringen es am weitesten im Leben, die ihre Befähigung und Leistungsfähigkeit richtig einzuschätzen wissen, und auf dieser Grundlage dann erst ihre Wünsche aufbauen.

Wenn wir in uns den Wunsch nach neuer Betätigung, welcher Art sie auch sei, fühlen, so wird dieser Wunsch wohl durch unsere Fähigkeit begründet sein; trotzdem sollen wir ihn in seinem Verhältnis zu unserer Haupttätigkeit prüfen, ehe wir ihn voll anerkennen.

Wenn die Verhältnisse uns selbstständig gestellt, und keine Verpflichtungen auf Familie oder Bekannte Rücksicht zu nehmen uns hemmen, ist es ein schönes Bewusstsein, sein Leben frei gestalten zu können.

Es ist Lebenskunst allzeit ruhige Überlegung zu bewahren, und ohne von Misstrauen beeinflusst, zu wissen, was ehrlich-wohlgemeinte Ratschläge, und was liebenswürdig-spekulative sind.

Wenn wir auch gar vieles wissen, so können wir uns trotzdem täuschen, denn auch im Wissen kann Irrtum liegen.

Das Wissen von Hohem, Gutem und Schönem erweckt unser Wünschen darnach, weil wir es als wertvoll anerkennen.

Durch Wissen und Aussprechen wird dem Wünschen Form und Gestalt.

Ob ich eine mir lieb gewordene Landschaft wirklich erschaue, einen mir lieb gewordenen Menschen wirklich vor mir sehe, – oder ob beides nur in meinen Gedanken lebt – sie bringen mir ein schönes Erinnern.

Du hörst ein Lied, das dich an Erlebtes gemahnt und wie die Töne aneinandergereiht dir ein Ganzes gestalten, so ersteht auch vor dir der Erinnerung ganzes Bild.

Durch Zusammensein mit lieben Freunden wird oft ein ganzes Heer von Erinnerungen wach.

Vielleicht es lebt jemand in gar trüb-traurigen Lebensverhältnissen, und was einzig ihn dem Leben erhält, ist die Erinnerungswelt, die seine Gedanken trägt und damit seinem Handeln Stütze wird.

Edles, das besonders lautes Empfinden erweckt, zieht uns an und erzeugt Verlangen nach Betätigung.

Mir schwebt ein Empfindungsziel in den Gedanken, und all mein Wünschen und Streben zieht dahin.

Ich bin mir einer großen Sehnsucht bewusst, und voll Verlangen träume ich ihr nach.

Und wenn ich einen Menschen liebe, so verlangt mich nach ihm.

Ja wenn ich mit meinem ganzen Wesen ihm angehöre, so wird unbewusst der Wunsch laut, ihm mehr zu sein als andere.

Gegenwart, die wir traumhaft schön empfinden, wünscht unser Herz ohne Zeitbegrenzung zu besitzen.

Und doch weckt das Empfinden großen Glücks in uns das Verlangen, diesem Glück eine scheinbare Begrenzung zu geben, nur um es sicherer festhalten zu können.

Denn die Empfindungen der Menschen sind oft plötzlichem Wechsel unterworfen, und dieses Wissen erzeugt Furcht vor möglichem Verlust.

Leicht tritt auch Eifersucht neben der Liebe auf und quält das Herz, darinnen sie Wurzel gefasst; Eifersucht aber untergräbt das Vertrauen und macht unsicher und furchtsam.

Richtiger Selbsterkenntnis begegnen wir selten; Furcht hält die Menschen von ihr zurück.

Empfinde ich meine Unvollkommenheit bewusst, so werde ich ängstlich und befürchte, die an mich gestellten Erwartungen nicht befriedigen zu können.

Im Zusammenleben mit andersdenkenden oft unsteten Menschen, leidet unsere Seelenharmonie, weil sie sich im Suchen nach sich selbst verbraucht. Daraus entsteht Unbefriedigtsein und die Furcht sich selbst zu verlieren.

Ich weiß, dass, wenn ich auf bestimmte Weise handle, mir Schwierigkeiten bevorstehen; dennoch ist mein Wünschen so mächtig, dass das Verlangen die Furcht besiegt.

JULI.
Vom Mann und vom Weib.

LEGENDE.
Wo bin ich wohl? Sag Wanderer, wo führt die Straße hin?
Ich bin so fremd – komm weit, weit her –
die Suchende bin ich bei uns genannt
und bitte dich, du guter Wanderer,
sag mir, was ist ein Mann?

Du frägst mich, was ein Mann sei?
Schau mich an, – ich bin ein Mann –
machtvoll und stark,
mir muss die Welt gehorchen.

Ach du erschreckst mich – tu mir nichts zu leid,
denn machtlos bin ich gegenüber deiner Kraft.

Sei ohne Furcht, die Schwachheit reizt mich nicht,
die Schwachheit nötigt mir nur Mitleid ab.

Ja sind in diesem Lande denn nur Männer so wie du?
Nicht auch so Suchende wie ich?

Gewiss gibt's viele Suchende wie du auch hier,
doch nennen wir sie Weiber, niemals Suchende.

Weib nennt ihr sie, was – Weib?
Was tut ihr mit dem Weib – was ist es euch?

Es kann uns viel, auch wenig nur bedeuten,
es kann uns Alles sein, und dennoch – Nichts.

Das lautet eigen und ich möchte mehr von dir erfahren,
ich kann's nicht recht verstehn, und möcht es doch erfassen!

Gern will ich dich belehren, doch es drängt die Zeit,
hoch steht die Sonne, und der Tag wird heiß;
lass langsam uns in dieser Bäume Schatten wandeln
und reden – ich und du.

Gern folg ich dir, du guter Wanderer,
denn folgen tu ich gern,
und deine Stimme flößt Vertrauen ein,
so rede denn –

»Schau hier den Himmel und die Erde, dort das Meer –
dies Alles – Alles wurde einst erschaffen,
so wunderbar, so schön –
doch niemand konnt es sehn,
denn keine Menschen waren auf der Erde.

Dem Gott des Himmels tat es leid,
dass ungesehen all die Schönheit bleibe –
da schuf er für die Welt – den Mann.

Auf hohem Bergesfelsen stand der Mann und staunt
dem Sonnenwagen nach, der seinem Blick entschwand,
– und Nacht und Einsamkeit sank über ihn.

Er hob die Arme nach der Vögel Flug,
als wollt er in die Lüfte sich erheben,
und es entstürzten seinen Augen Tränen,
die glitzerten wie junger Tau im jungen Grün.

Da, als im frühen Tagesmorgen
aus ros'gen Wolken licht der Sommerwagen trat,
entstieg ihm, als er kühn den Felsen streifte,
ein junges Weib, ein Menschenkind.

Er stand und schaute fragend stumm sie an –
und tief erschreckt sank sie auf ihre Knie.

Er aber hob sie auf, nahm sanft sie bei der Hand –
komm Weib, wir wollen wandern durch das Land
und uns erfreuen an der Schöpfung Pracht,
die spiegelnd mir aus deinen Augen lacht!
Wir wollen Eines für das Andere leben,
und Freud und Schmerz sie teilen uns gemeinsam sein.

Da sprach das junge Weib: so bin ich dein –

Du sollst mir Welt und Leben – Alles sein.«

Der Wanderer schweigt –
er bietet still den Abschiedsgruß
und frägt: Hast du noch weit?

Du gehst? Ach, nun beginnt mein Leid,
Dich fand ich – und ich fühlte mich als Weib –
– –

Hab Dank, du lieber guter Wanderer,
ich weiß nun, was ein Mann,
und weiß auch, was ein Weib,
und dennoch muss ich bleiben eine Suchende.

ERFÜLLUNG.

Der Mann als Wanderer zieht in die Welt und strebt im Leben nach
bestimmten Zielen, die er verfolgen muss. Seine geistigen Kräfte wer-
den dadurch so sehr in Anspruch genommen, dass sich seine Zieler-
strebung hauptsächlich nach außen entfaltet, wodurch Innerlichkeit
bei ihm zurückgedrängt wird.

Die Suchende ist das von innerer Notwendigkeit getriebene Weib.
Auch sie wandert, aber nach einem unbewussten, noch nicht erkann-
ten, inneren Ziel, nach dessen Erreichung und aus ihm heraus erst
ihre äußere Lebensgestaltung sich entfalten kann.

Sie tritt aus dem Alltäglichen, das ihr nicht genügt, in dem ihr das
Gewünschte nicht wird, hervor, und wandelt suchend und einsam.

Der Mann ist sich seiner Kraft und Macht bewusst, die ihn ins tätige
Leben und zur Entfaltung seiner Fähigkeiten treibt; er ist der nach
außen Starke.

Da aber, wo des Mannes Stärke wirkt, zeigt sich das Weib als
schwach; ihre Kraft liegt ganz allein in ihrem reichen Innenleben.

Wie des Mannes Sphäre die Welt der Tat,
so des Weibes ihre die Welt der Empfindung.

In dieser Verschiedenheit der Anlagen ist die Notwendigkeit der Ergänzung begründet.

Aber nicht allein Ergänzung, sondern Zielerfüllungen lassen sich auf dieser Grundlage verwirklichen.

Hier geht der Wanderer an der Suchenden vorüber, ohne ihr weitere Beachtung zu zollen, sie wird von ihm nicht verstanden, und so bleibt die Beziehung in diesem Falle ein Vorübergehen, ein Missverstehen, ein Unverstandensein.

Ganz anders würde es sich gestaltet haben, wenn dem Begegnen ein Entgegenkommen, Erkennen und Verstehen gefolgt wäre.

Dem Manne droht bei seinem zielbewussten Wanderleben, zu viel Hasten nach Abwechslung und Äußerlichkeit, das Zersplittern seiner Interessen und Empfindungen und dadurch leicht Einbuße seines Selbst, seiner inneren Persönlichkeit.

Das Weib hingegen wird in seiner Zurückgezogenheit einseitig, verliert bei seinem Suchen nach einem inneren Ziel das nötige Interesse für seine äußeren Beziehungen, und geht bei seinem Abgewandtsein von Welt und Leben, für diese verloren.

Was beim Manne stark, ist beim Weibe schwach, was bei diesem reich, beim Mann oft verkümmert oder unterdrückt, darum kann gegenseitiges Verstehen und Eingehen zu harmonischer Erfüllung führen.

Das Weib wird den Mann durch sein mehr nach innen gekehrtes Wesen von zu großer Äußerlichkeit, Verflachung und Zersplitterung zurückhalten, durch eingehendes Verstehen und sinnvolles Mitempfinden seine geistigen Interessen schützend wach erhalten, und dadurch ihm seine Persönlichkeit aus dem Getriebe des Lebens retten und bewahren.

Der Mann aber, indem er die Frau liebend erfasst, entfaltet die in ihr schlummernden Kräfte, weckt ihre Interessen und gibt ihr mit sich selbst eine lebensvolle Aufgabe. An seiner Hand wird sie dem ihr bestimmten und zustehenden Leben zugeführt und gewinnt dabei die Verselbstständigung und Vervollkommnung ihres eigenen Ichs.

Große Kraft liegt in dieser Ergänzung von Mann und Weib, die sich auf allen Gebieten geltend machen kann. Nicht nur, dass durch den Mann der Frau Leben und Lust an Betätigung und Entfaltung ihrer Fähigkeiten immer neu ersteht, sondern auch dem Mann erschließt die verstehende Frau eine neue eigene Welt, die imstande ist, den Gefahren, die ihn bedrohen, ein Gegengewicht zu sein.

Auch hierin, wie in allem wo Liebe waltet, wird Geben und Nehmen eins.

AUGUST.
Vom Lieben und Geliebtsein.

Liebe erzieht – durch sie *werden* wir.

Je klarer und reiner die Luft, desto deutlicher unserem Ohr das ferne Glockenläuten. Je reiner des Menschen Herz, desto lauter der Liebe Klang.

In tiefem Tal eine kleine vergessene Wiese. All ihre roten, blauen, gelben und weißen Gedanken erwachen im fallenden Morgentau. Und die Wiese erbebt, und über ihr zittert die sich erwärmende Luft – und sie spricht: steig auf, o Tag – küsse mich, denn ich liebe dich.

Mitten im lachenden Sonnenschein ein Schmetterling kommt geflogen, sein gelbes Gewand gar reich umsäumt von schwarzem samtnem Bogen – wohl gar ein Trauermantel ist's? Schön bist du, ja, du bist schön, und leicht schwebst du von Blum zu Blume! Doch warum kreuzest du heut meinen sonnigen Pfad – willst in mein schweigendes, keimendes Glück trübe Gedanken mir winden, soll mir die steigende Freude schon wieder trauernd zur Erde sinken?

Sag, warum liebe ich dich – warum muss ich dich lieben so heiß – und doch unerwidert? Nimm mich mit, tobender Sturm, dass meines Lebens und Denkens ein Ende sei. Niemand wird mich missen, und niemand wird um mich trauern – aber meine Liebe kann nicht von mir, und sie wird mit mir sterben.

Nicht wie Mondenlicht – nein, wie die glühende Sonne, wie die rotblühende leuchtende Heide liebe ich dich! Endlos scheinen sie beide in ihrem Sein, sprachlos in ihrer Größe. Und also sprachlos bin ich in meiner Liebe um Dich, denn sie ist endlos – Komm in die Sonne – komm in die Heide – komm.

Im stillen Hauch der Nacht ziehen meine Gedanken zu dir – warme innige Glücksgedanken. In deinen Sinn wollen sie sich senken, und in deinem Herzen möchten sie ruhn. Hörst du das leise heimliche Flüstern in den Lüften? Das sind sie, meine Gedanken der Liebe, die mir entflohen und zu dir geeilt sind.

VOLKSLIED.

Wenn du nur glauben wollt'st
wie ich so lieb dich hab,
und auch erfassen könnt'st,
dass ich mein Herz dir gab!

Doch nein, erst gab ich's nicht,
du nahmst es mir –
im Sturm, dann ward es dein,
nun lebt's in dir.

Du hast nun zwei beinand
und ich hab keins –
lass mich nicht länger so,
und schenk mir deins.

Ich knie zu deinen Füßen
und fleh dich bittend an:
leg mir aufs Haupt die Hände,
geliebter stiller Mann –
dass ich es fühl wie Segen
der heilge Wunder tut,
und meine Sehnsuchts-Seele
in deiner Seele ruht.

IM BLÜHENDEN ABEND.

Es wandelt ein Weib in den blühenden Abend
verlorenen Blickes, in träumendem Sinn –
da kommt ein gar lustiges Mägdlein gegangen,
»grüß Gott«, sagt es eilig. »Wo geht Ihr denn hin?«

Das Weib, das im blühenden Abend hinwandelt,
es winkt ihm nur schweigend und lächelt dazu –
»Meinst heim, du mein Kind? – – –
Ich habe kein Heim, nicht zur Rast, nicht zur Ruh.«

Am blühenden Abend die sonnigen Gluten
beleuchten verzehrend des Weibes Gestalt,
wie sie wandelt dahin.

Und plötzlich ihr sinnender Blick sich erhellt,
sie breitet die Arme, sie schaut in die Welt –
»Ich habe ja Heimat und habe ein Heim,
weit schöner als Güter von trügendem Schein.

Sie ist nur klein,
doch unermesslich mir an Glück und Lust –
verborgen tief
liegt sie in eines treuen Menschen Brust.«

ZUR HÖHE.
Starker Baum mit dem dauernden Grün,
hebst am Hang dort zum Himmel dich hoch –
immer den weiteren Zielen zu
schaffen die Wurzeln in treibender Ruh.

Aus der Niederung steigen empor
lichte, duftige Nebelgebilde –
kreisend umwehen sie dicht den Baum,
lösen sich auf in dem weiten Raum.

Ach meine Gedanken –
wie gleicht ihr den Nebelgebilden!
Denn um und allein durch den Einen,
der mir geworden Lenker und Kraft zugleich,
strebt ihr zur Höhe, fern, nach der Träume Reich.

LIEBE.
Ich denke dein am Abend –
wenn die Triften in Tau
der entschwundenen Sonne gedenken.

Ich denke dein in der Nacht –
wenn in dunkler Höh
Gedanken der Liebe erwachen.

Dein denke ich in der Früh –
wenn süß die Amsel lockt,
die Lerche jubelnd steigt.

Und um den Mittag denk ich dein –
wenn die Erde erglühend,
an der Sonne Liebe nicht satt werden kann.

Dass ich sie verstehen lernte,
deine Worte, die ich liebe,
deine Worte, die ich küsse,
dass ich sie verstehen lernte…

Wie ein Schleier fiel es nieder
von dem Sinn mir, von dem dunklen,
von den Augen von den blinden –
wie ein Schleier fiel es nieder.

Und ich sah die Sonne leuchten,
wusste, was dein Sinn erdachte,
wusste, was dein Herz gesprochen –
und ich sah die Sonne leuchten.

Wonne ist's sich aufzugeben
ganz in eines Andern Sein –
lass mich wandeln deine Wege,
leuchte mir mit deinem Schein.

Wenn ich lebe, lass mich leben
durch die Kraft, die dich erhält –
wenn ich sterbe, *muss* ich sterben,
doch die Seele dir verfällt.

Denn verbunden will ich bleiben
als ein Sein in deinem Sein –
ward mir nicht von deiner Leuchte
doch ein kleiner schwacher Schein?

Hinter der Hügelreihe hervor steigen kleine duftige Wölkchen, von
der späten Sonne wie mit Goldhauch übergossen, zur Höhe empor.
Sie ziehn in sanftem Zug hinab mit des Stromes Lauf. Sehnsucht
mein – all meine Grüße – was ich an Liebes nur mir denken kann – es

zieht hinab mit euch, ihn auf dem Heimweg zu empfangen – so warm
und ungeduldig, und doch geduldig-sehnsuchtsvoll.

An dem Fenster lehn verloren ich in Träumen,
und ich lausche – Abendwinde die leisen,
singen mir ihre Weisen,
zart und duftig, süß und innig,
und ich lausche – –.
Denn ich möchte wohl die Kunst von ihnen lernen
zu bestricken,
zu beglücken –
dass ich ihre Weisen
könnt als meine preisen,
einen Kranz von duft'gen Liedern daraus binden,
tiefer stiller,
tiefer heißer
Liebe –
der dich sollt umschlingen, der dich sollt umwinden,
zart und duftig,
süß und innig.
All die duft'gen Lieder soll der Kranz dir singen,
in dein Wachen, in dein Träumen sollen klingen
jene tiefen leisen,
jene tiefen heißen
Lieder meiner Liebe.

Dunkler wird's – dunkel ist's um mich her, und die Nacht tritt ein.
Langsam steigt aus der Dunkelheit mir leuchtend dein geliebtes Bild.
Entschwinde mir nicht, zieh mich empor zu dir, und öffne nur einmal
die Lippen dem Wörtlein Liebe!
Sinke dann nieder Nacht, breite dich nieder Nacht – mir bist du nicht
Nacht mehr dann, mir bist du dann Licht!

I.
Wie könnt ich weiter in der Traumwelt leben,
in die mich meine Liebe hat gestellt –
wie, ohne dich in dieser öden Welt,
wie könnt ich weiter deine Traumwelt leben?

Ich wär der Vogel, den der Pfeil getroffen,
der plötzlich fällt aus seiner lichten Höh –
ein unergründlich, nimmerendend Weh,
ein jäher Abgrund stünde vor mir offen…

Ihr Mächte, lasst den Tag mich nicht erleben,
an dem sein Blick, sein Sinn mir abgewandt,
auch keinen letzten Gruß mir würde geben –

da ich verstoßen durch die liebste Hand,
müsst heimatlos, müsst einsam weiterstreben, –
ein müder Pilger durch ein müdes Land.

II.
Ein Bildnis steigt mir auf am Dämmerrand –
wer rief dich, hieß dich kommen in mein Leben,
wer sprach dir von dem heißen Wüstensand,
der nach der Quelle dürstet all sein Leben?

Es tönt in weiter Fern ein Vogellied,
Es bebt ein süß Erzittern durch die Lüfte,
es hüllt der Abend Wiese, Wald und Ried
in märchenhafte violette Düfte –

Wie schön bist du, du blühend rote Heide,
Wie glühend ruht auf dir das Sonnenlicht –
es küsst der Bach das zart Geäst der Weide,

und aus der goldenen Saat so reich und dicht
steigt eine Lerche jubelnd in die Weite.
Die Lieb für dich – sie ist mein Ewig-Licht.

III.
Ob dir bewusst, was du mir bist geworden,
wie nur mein Denken lebt durch deinen Willen,
und frei und offen, ohne Sinnumhüllen,
ich zu dir rede allzeit, allerorten?

Du suchst umsonst des Meeres Flut zu dämmen,
sie kehrt zum Ufer immer, immer wieder,
und beugt ihr weißes Haupt zum Sande nieder,
und bäumt sich auf – und lässt durch nichts sich hemmen.

Die Ewigkeit mag also sich entrollen,
ein ewig Werden und ein ewig Sein,
kein hartes Muss, auch kein bedingtes Sollen,

kein tastend Wandeln in des Zwielichts Schein;
ein selbstverständliches, ein klares Wollen
wird einst bestimmend uns beschieden sein.

IV.
Was trauert ihr um Herbsteszeit, ihr Menschen,
und seufzt und sorget euch in banger Not,
und deutet Sterben überall und Tod
und heißt das Hoffen schweigen und das Wünschen!

Wie seid ihr töricht, dass ihr also denket –
des Lebens Herbst bringt doppelt dreifach Glück,
ein vollgereiftes, vollbewusstes Glück,
ein Glück, wie späte Liebe es nur schenket – – –

Aus Tälern tief erhebt sich zu der Sonne
ein Dampfen auf, gleich heilgem Opferrauch,
es deckt des Zukunfttages selge Wonne

mit Schleiern, die gewebt aus Duftes Hauch.
Es träumt mein Herz von einer fernen Sonne,
in die ich sehnend meine Seele tauch.

Fern hin zu dir enteilen die Gedanken –
um deinen Nacken schlingen sich die Arme,
und meine Stimme flüstert innig warme
und selig heiße Worte sonder Schranken.

Wie dort der Rebe aufwärtsstrebend Ranken
sich nestelt um des Baumes mächtgen Stamme –

so halten fest dich meine schwachen Arme –
die doch kein Sturmestoben bringt zum Wanken.

O wehre nicht, o lass mich also reden,
und lass in seiner heißen Leidenschaft
bei dir dies sehnend Herze glücklich werden,

befreie es aus seines Zwanges Hast –
lass ihm in selgem Sturm sein Bangen enden,
und leben ganz in deiner Liebe Kraft.

Mich streift dein Arm,
ich fühl dein Leben –
könntst du die Hand aufs Haupt mir legen,
mir würde – Werden.
Fühlt ich im Kuss
die Lippen dein,
und wärst du ganz und einzig mein,
mir würde – Sein.

I.
Und all die Höhen, Hügel, Wald und Auen
bedeckt ein Nebel undurchdringlich dicht,
in einer Wolkennacht der Tag erlischt,
und schwerem Dunkel musst du dich vertrauen.

Nichts kann das Aug in dieser Nacht erschauen,
kein Sternlein noch so klein das Dunkel bricht,
und auch kein Mondesantlitz lieb und licht
verbreitet Klarheit in dies tote Grauen.

Verloren in Vergessenheit bist du,
du meine Welt der Liebe, – der Gedanken –
du wartest, wünschest, hoffest immerzu.

Für dich ja gibt es nimmer, nirgend Schranken,
du brichst sie all mit stiller fester Ruh,
du meine Welt der Liebe – der Gedanken.

II.

Schwer seufzt der Strom bedrückt vom Nebeldampf,
doch seine Wogen eilen gar geschäftig
und tragen Schiffe schwerbeladen, mächtig
wie leichte Last und ohne jeden Kampf.

Sie zögern spielend nicht am Uferrand
wie sonst wohl in des Sommers lichter Sonne,
wenn neckisch sie in lichterfüllter Wonne
sich messen mit dem spröden, harten Sand –

Sie wandern finster düster ihren Gang,
sie deuten uns des Lebens ernste Strenge,
des Lebens Macht und doch begrenzte Enge,
und mahnen uns mit ihrem Wogensang.

III.

Und sieh, da kommt von Möwen mir ein Heer
wie hohe, lichte Freude zugeflogen,
umkreisen mich in weitgezognem Bogen,
umschließen mich wie eine feste Wehr.

Was sind sie wohl, die Sonnenvögel licht
in diesen trüben düstern Nebelsenken?
was anders sonst als einzig dein Gedenken
das wonnig mich umfängt wie Sonnenlicht!

Mein sind die Vögel? Ach ich möcht sie haben,
sie sollen Führer meines Denkens sein,
und mir des Lebens kargbemessne Gaben

vermehren stetig in verklärtem Schein
und sollen bilden mich – – –
ich möcht ja ganz nach deinem Sinne sein.

MONDNACHT.

Wie Traum liegt's silbern über diesen Weiten,
wie Traum webt's leise durch die stille Nacht,
und mir aus wehmutsvoller Seele gleiten

der Sehnsucht Lieder in die stumme Pracht.

Wie Traum ruht's bannend über diesen Weiten,
wie Traum berückt mich diese Mondespracht –
ich möcht zu deinen Füßen niedergleiten
und Liebe mir erflehn in meine Nacht.

Du bist mir alles, was die Welt kann geben,
weit mehr noch, – alles was es gibt –
du bist für mich der Inbegriff von Leben,

von jener Kraft, die über alles liebt –
von jenem heißen ewigneuen Streben,
das Kraft und Leben schöpfet, wenn es gibt.

Wie könnt ich dir nur meine Liebe deuten?
Sie ist wie Laub, das sprosst und grünt,
und immer reicher, voller sich gestaltet –
dann auch wie Flor, der knospt und blüht,
und sich in Duft und bunter Pracht entfaltet –
sie ist so endlos wie des Himmels Bogen,
und eilt dir nach, und kommt zu dir gezogen,
und überflutet dich mit Sonnenschein.

Vor meinem Fenster stimmt die Amsel ihre Kehle
zu ihrer Liebe jauchzend heimlichsüßem Frühlingssang –
sie ruft und mahnt und lockt mich, dass ich ihr erzähle,
was mich bewegt bei ihrer Stimme Überglückes Klang.

»Ich seh ein Tal – seh einen Fluss vorübergleiten,
es ruht ein duftig Glückerzittern auf der Frühlingsnacht,
es lagert Schweigen auf des Tals erblühten Weiten,
und sel'ge Menschen wandeln schweigend in des Lenzes Pracht.«

Schweig Liebster – red kein lautes Wort,
es schwebt das Glück um diesen Ort –
schweig still, schweig still,
weil es das Glück so will.

Red Liebster – leis' doch sei dein Wort,
denn Glück schwebt über diesem Ort –
red leis', red still,
weil es das Glück so will.

Und da erhebst du dich,
und reichst mir ruhig deine Hand,
und gehst – – –

Ich muss die Hände falten
wie zum Gebet,
die Stimme an mich halten
zu stiller Red –
die Arme an mich pressen,
dass sie sich nicht vergessen
und in Gedanken sich erheben
und warm sich um dich legen,
eh denn du gehst – – –

Ich lausche deinem Schritt,
wie auf der Treppe er verklingt –
was nimmst du mir nur mit,
dass alles mir in Dunkel sinkt,
wenn du so gehst? – – –

SEPTEMBER.
Vom Wollen und Sollen.

Beim Menschen geht der Wille der Vorstellung weit voraus, allerdings nicht der bewusste, sondern der instinktive.

Sobald der instinktive Wille zum bewussten wird, verliert er seine Freiheit, denn ihm steht entgegen das Sollen.

Früh, sehr früh, beginnt der große Daseinskampf zwischen dem Wollen und dem Sollen.

Diese beiden mächtigen Kräfte in Übereinstimmung zu bringen, ist das Grundziel der Erziehung.

Der gereifte Mensch beherrscht im allgemeinen Wollen und Sollen mit seinem Verstand; ihn leitet Einsicht und Klugheit.

Der rohe Bildungslose, der Wüstling, der Verbrecher, sie folgen ihrem ungezügelten Wollen.

Es muss dem Menschen gegenüber, dessen innerem Wollen nicht zugleich die Erkenntnis des inneren Sollens entgegensteht, ein äußerer Zwang geltend gemacht werden. Dieser äußere Zwang ist unsere Gesetzgebung und die ihr zur Verfügung stehenden Strafen.

Wie die menschlichen Gesetze, so sind auch die göttlichen Gebote gegeben, die wir mit unserem Wollen befolgen sollen.

Es gibt, wie bei allem, auch bei der Unterordnung des Wollens unter das Sollen, erlaubte Ausnahmen, wenn Herz und Gemüt als Fürsprecher auftreten.

Herz und Gemüt treibt Liebe, sei es nun allgemeine Liebe zu den Menschen und der Natur mit ihren Lebewesen oder persönliches Liebesempfinden; wir nennen darum Handlungen, bei denen das Wollen durch diese liebevollen Fürsprecher unterstützt wurde, – schön, und sie gewinnen unsere Teilnahme.

Feste, ausgebildete Charaktere bauen ihr Handeln auf dem verdoppelten Grundton Wollen auf, d. h. sie haben Wollen und Sollen zu einem Klang vereint, sie haben durch ihre starke Willenskraft das Sollen dem Wollen assimiliert.

Willensschwache Menschen geben sich dem Hang zur Trägheit und Bequemlichkeit hin, sie unterliegen ihrer Schwäche gegen sich selbst.

Weiche Naturen geben leicht der Neigung ihres Herzens nach.

Oft liegt es in unserem Wesen, oft liegt es in unserer Bestimmung, dass Sollen uns zu seligem Wollen, und Wollen zu beglückendem Sollen wird. Wir preisen dann wohl mit dankbarem Herzen das eine ob dem anderen.

Ein disziplinierter Mensch wird im Allgemeinen einen gewissen Zwang gern ertragen, zeitweise sogar als Wohltat empfinden.

Der Zwang, den unser Beruf uns auferlegt, enthebt uns oftmals mancher persönlichen Laune und Wankelmütigkeit.

Der Künstler empfindet äußeren Zwang als eine gewalttätige, ungerechte Beschränkung.

Das Genie kennt nur eine schöpferische Kraft, die seinem Wollen befiehlt.

Wo kein Wollen, kein Erfolg; wo kein Sollen, keine Ordnung.

Alle Handlungen im Leben können sich sowohl unter dem Einfluss des Wollens, als auch unter dem des Müssens vollziehen.

Sobald ich jedoch zu einer Sache gezwungen werde, bin ich jeglicher Verantwortung enthoben, denn mein Wille wurde ausgeschaltet.

Auf allen Lebenswegen sind Wollen und Sollen zwei, doch in der Liebe Leben sind sie eins.

Wenn wir lieben, wollen wir was wir tun, und tun wir was wir müssen.

In der Sorge um ein Geliebtes wird das Wollen so stark, dass das Sollen ihm weichen muss.

Wir erkennen im Zwang, den uns Geliebtes auferlegt, immer nur freien eigenen Willen.

In der Liebe erstarkt unser Wille im Muss, und das Müssen wird uns weich durch Wollen.

So man etwas ernstlich will, empfindet man immer dazu das innere Drängen, doch nicht immer zum äußeren Zwang den drängenden Willen.

Wohl gibt es nur einerlei Willenskraft, doch zweierlei Sollensmacht, die eine, die uns von innen treibt, die andere, die zwingend uns von außen naht.

Auch die großen Weltgeschehnisse erfolgen durch den Machteinfluss von Wollen und Sollen.

Überall, wohin wir blicken, treten uns im Leben Wollen und Sollen in ihren Wechselwirkungen entgegen, bis der Tod mit brutaler Gewalt unser Wollen endgültig besiegt.

OKTOBER.
Vom Dulden und Tragen.

Dulden und Tragen – ach, wie bedrückt dies schwer! Fasst man die Worte aktiv auf, wie es den Menschen wohl geläufig ist, so ist die Forderung schwer und hart; doch deutest du sie passiv dir, so wandelt sich das schwer und hart in leicht und weich.

Ich bin mit der Eigentümlichkeit meines Ichs an die Stelle eines Baues geraten, wo der nur bedingt harte Quader nicht eingefügt werden kann. Der Baumeister wirft ihn aber nicht ab, er prüft und überlegt, er duldet ihn an jener Stelle, bis dass der ganze Bau zum Abschluss sei gebracht; er wird schon finden, wo er einzufügen ist, und nach Befund ihm seinen Platz anweisen.

Wie von der lichten Luft gehoben, die weitgespannten Flügel jenen Vogel tragen, so kann auch mir ein innigtreu Gedenken der Seele Schwingen lenken.

Das stolze Herz erhebt gar zornig seine Stimme: – Geduldet sein, getragen werden, will ich nicht; ich will begehrt sein, und Verlangen soll man nach mir haben, ich will geliebt sein!

Ach Menschenherz, wie bist du doch verirrt, weißt nimmer Richtung, Weg noch Bahn! Du willst begehrt, geliebt sein? Eitel Wahn! Es ward gegeben und hat sich ergeben – also ist die Deutung.

Nicht sind wir in die Welt gestellt zu Freud und Lust – zum Dulden und zum Tragen soll es sein.

Die Freude und die Lust, das sind die lichten Seiten – des Lichtes Schatten aber Leid und Trauer.

Trägt Freude dich und Lust, so musst du Leid und Trauer tragen.

Doch duldest Trauer du und Leid, so werden Lust und Freude tagen.

Da begehrt das Herz auf und spricht: – Ich bin das Mächtigste im Menschen, bestimme über Leben und Sterben – ich will Herr sein.

Wo ist ein Herr, der niemals dienen muss? Der nur befehlen und nur herrschen könnte?

Du duldest – ja, die Welt ist schön – und dennoch musst du sie erdulden: all die Verständnislosigkeit, und all der Blindheit Ungerechtigkeit.

Sieh, wie sie dulden! All die vielen Menschen, krankend an des Leibes Glieder!

Sieh, wie sie leiden, wie sie Schmerz erdulden durch des Herzens Macht!

Und schau das stille Dulden jener Seelen, die unerkannt die Welt durchziehen!

Sie dulden alle – und aus Dulden wird ein Tragen schwer und lang.

Die einen tragen zu der Höhe, und sinken nieder, sterbend in der Sonne Glanz, den Blick in die Unendlichkeit gerichtet.

Die andern schleppen zu der Tiefe sich, und es erdrückt sie, was sie duldeten und trugen.

Und wieder andre sinken schmachtend nieder auf dem schweren Gang.

Das sind die Dulder, sind die Tragenden, die Schwergebeugten, die Verzagenden.

Das stolze Herz wird weich und bittet: – Dulde, trage mich.

Und ihm wird Antwort: Ja, ich will dich dulden.

Kommt her, die ich einst von mir wies, ich will euch dulden, will euch helfen, will an die Hand dich nehmen armes Kind.

Kommt her, ihr Herzen die ich kalt verstoßen, will duldend euch zurück zum Leben führen, und duldend eure Stütze sein.

Komm, ferne Seele die so lange nach mir suchte, will dich mit meiner Seele tragen, denn meine Seele sie ist frei!

Und wie verhaltnes Jauchzen, wie vertieftes Glück – zog's durch das heiße Herz:

Ich bin geduldet und getragen! Wie soll ich danken, dass mir solches wird!

Was mir das Leben und das fremde Herz versagt, die Seele will mir's geben.

Wenn wilder Sturm durch die Natur erbraust und schonungslos den starken Baumstamm rüttelt, so trennt sich dennoch nicht von ihm das schwache Grün, das seinen Stamm umschlingt.

Im Sonnenschein ward es geduldet, und in dem Sturme blieb es treu.

NOVEMBER.
Vom Deuten und Verstehen.

Wie jeder persönliche Mensch, so ist auch jedes kulturbedeutsame Volk durch eine besondere Eigenschaft gezeichnet. Für die Ägypter war charakteristisch der Sinn für das Unendliche und Unbegreifliche, für die Griechen der Sinn für das Begrenzte und Begreifliche.

Es ist charakteristisch, dass die klugen Ägypter die Sphinx erdachten, in der sie ihrer Überzeugung des Übergroßen, Unbegreiflichen der Welt und des Lebens Ausdruck gaben. Aber ihre Ausführung erschließt uns noch eine andere Deutung, nämlich die auf den Menschen selbst, der uns in der oft eigentümlichen Zusammensetzung seines Wesens, als rätselhafte Sphinx erscheint. Dieses sphinxartige im Menschen aber ist es, was so oft im Leben Ursache wird zu Nichtverstandensein, zu Aneinandervorübergehen, zu ungewolltem Sichverlieren.

Der Anblick mancher unserer neuen Denkmale, die nur Zeitlichem und Vergänglichem gewidmet sind, kann unsere Seele nicht erheben. Die Griechen in ihren Schöpfungen verherrlichten immer die Idee eines ihrem Gedankenkreise fassbaren ewig Großen, Hohen, Edlen; darum die Fortdauer ihrer Wirkung durch alle Zeiten. Was der Mensch für ein Ewiges ersinnt, wird und muss ganz andere Gestalt gewinnen, als was nur Vergänglichem zugewandt ist.

Es festigt den Charakter und schärft das geistige Erfassen, sich in geleistetes Großes zu vertiefen.

Große Gegenwart entfacht wohl Begeisterung, kann uns aber nicht die Reife geben, die wir aus der Vergangenheit schöpfen.

Die bleibenden Werke der Vergangenheit, das sind zur Ruhe gebrachte, festgelegte große Leidenschaft, sei es, dass sie sich wie bei den Ägyptern im Unbegrenzten, oder wie bei den Griechen im Begrenzten ausgelebt hat.

Kraft dieser Leidenschaft deuten Einzelne uns ihres ganzen Volkes ureigenes Wesen und Denken.

Es erfasst uns Weh bei der Erkenntnis der Wahrheit, die für den Menschen in die Sphinx gelegt ist, und die so oft sein Schicksal wird, ein Schicksal, das er in sich selber trägt und nährt, wie eine junge Schlange.

Umso freudiger erheben wir uns mit den Griechen aus unserem oft so verworrenen Dasein zu hohem Ideenflug und suchen unsere Umwelt mit verklärtem Blick zu deuten.

Ist es nicht schließlich unser eigen Herz, das allem seine Färbung aufdrückt – Glanz oder Trübung verleiht?

Nicht Sphinx möchte ich sein dem Menschen, den ich liebe, nur anderen Fremden, denen der Zutritt zu meinem Herzen verschlossen ist.

Wird aber mein verklärendes Deuten jederzeit die Kraft besitzen, mir das sphinxartige derer, die ich liebe, zu entschleiern?

Schau hinaus auf die weite sandige Wüste des Lebens, darinnen die schweigende Sphinx, wie sie die Strahlen der heißglühenden Orientsonne gleichsam auf sich zusammenzieht, um dann die Erde von sich aus zu beleben!

So musst auch du das dir oftmals Unverständliche in deine Liebe hüllen, damit sie rückstrahlend, dir zum Erkennen diene.

Die Sphinx soll uns kein totes Rätsel bleiben, sondern gleich der Memnonsäule zu uns reden, dass sie Leben birgt.

Sei die wärmende Sonne, die jene Töne erweckt, die dir das Leben künden, die deinem Leben erst Leben verleihen.

Dein Denken und Reden werde Wahrheit und Tat; Wirklichkeit sollst du sein, nicht Schein.

Denn es gehört eine gewisse Scheinheiligkeit und Beschränktheit dazu, sein Selbst und seine Leidenschaftlichkeit zu leugnen.

Oft straft einen Kämpfer für Frömmigkeit und Sitte sein eigener Wandel Lüge.

Oft bauen Gelehrte mit Berechnung Menschenbilder auf, die in einer erdachten Sphäre sich bewegen, in der die Leidenschaft schweigt, trotzdem aber Ziele verfolgen, die nur mit Leidenschaft erreicht werden können.

Aber es gibt eine Sphäre der scheinbar beherrschten, der gezügelten Leidenschaft, da wir vor der Welt als Überwinder gelten.

Und eine Sprache gibt es, die redet dem Verstehenden wohl am lautesten von allen und bringt ihm tiefes Glück; doch sie heißt Schweigen und den meisten ist sie fremd.

Oft sind wir nach außen ganz ohnmächtige, einflusslose Menschen – aber im Herzen, da sind wir übermächtig stark.

Wenn Alleinstehen in der Welt manchem Menschen oft so schwer bedünkt, so möchte es dennoch leicht sein im Vergleich zu jenem inneren Verlassensein, das nach schwerem Leid uns oft erfasst.

Pflegten wir mit einem uns verstehenden Menschen lange Zeit nur schriftlichen Verkehr, so ist uns der Wechsel zur mündlichen Aussprache meist erst recht ungewohnt. Bei schriftlichem Mitteilen äußert sich Empfindung und Verstand unmittelbar, im persönlichen Verkehr jedoch sind äußere Eindrücke oder obwaltende Verhältnisse, denen wir uns nie ganz entziehen können, mitwirkend. Erst wenn das Ungewohnte überbrückt, findet man sich gegenseitig auf gewohnten Pfaden wieder, und die innige Vertraulichkeit des schriftlichen Verkehrs kehrt uns zurück, vertieft und verschönt durch den errungenen Sieg über die Fremdheit, die uns erst befiel.

Vielleicht wir glauben uns geliebt und sind dem forschenden Mann nur ein Problem, ein Stoff zur Formung, an dem sein Geist sich übt. Wir sind der Marmorblock, den er bearbeitet, ausschließlich mit Rücksicht auf seine eigenen Intensionen, das gesuchte Objekt für sein Gestaltungsverlangen.

Wir wähnen uns geliebt, und sind über Nacht vergessen, wir wähnen uns vergessen, und eine Laune ruft uns zurück.

Es liegt ein Fluch auf der Welt, dass oft unser Höchstes uns in die Erde zieht, und unser Glück sich zu Leid wenden will.

In der Welt gibt es gar viel Trübes. Da greift man mit beiden Händen sogar nach den Schatten der Sonnenstrahlen, und freut sich und vergisst vorübergehend des Leids.

Obgleich Sehnsucht Verlangen ist, somit ein gewisses Unbefriedigtsein darin zum Ausdruck kommt, so bringt diese Sehnsucht dennoch die Verstimmung, die aus dem Unbefriedigtsein entsteht, zum Schweigen; wohl weil in der Sehnsucht immer ein heimliches Hoffen glimmt.

DEZEMBER.
Vom Hoffen.

Hoffnung, Hoffen! Was liegt für eine Welt in diesem kleinen Wort! Beginnt vor unserem Leben schon und reicht weit über dies hinaus! Heißt Hoffnung – und ist dennoch als Erfüllung hoffnungslos.

Nenn mir den Menschen, der auf Hoffnung baute, die ihn nicht betrog!

Nenn mir das Leben, das dem Hoffen sich ergab und dennoch siegte!

Durcheile suchend mir die Welt – du wirst der Hoffnung Schatten wirkend finden, doch nur besiegt und niemals siegend: Hoffnung.

Dein Hoffen kann dir alles täuschen, nicht zuletzt dein eigen Herz.

Gleich wie ein Irrlicht über lockend malerisch-bewachsnem Sumpf, so tanzt die Hoffnung ob des Menschen Leben.

Du greifst nach ihr, und sie ist dir entschwunden – du stützest dich auf sie, und sie versagt – und tiefer denn zuvor versinkt dein Fuß.

Sie ist ein trügerisches Licht, sie ist verführerische Lüge, sie ist nur Täuschung – sie ist Nichts.

Wie Giftblüten mit leuchtenden Farben unsere Augen bestricken, so die Hoffnung unser Herz.

Gift war vielleicht das Hoffen unserem Leben, und dennoch schließen hoffend wir die Augen.

Hast keine Flügel, die mich trügen hoch ob des Lebens Leid?

Hast keinen Tröster, der mir brächte ein Grüßen aus entschwundner Zeit?

Hast keine Liebe, die mich hielte mit festem Arm und treuem Sinn?

Hast keinen Tröster, keinen Boten, hast keine Flügel, keine Liebe, so bist du Hoffnung hoffnungslos.

Die Hoffnung hat ein großes weites Herz, darin fasst sie die Menschen all zusammen, und blendet alle mit dem Wörtlein Glück.

Wozu der Hoffnung Trug, wozu das Leid?
Du musst die Welt als Arzt dir denken, denn dann erst kannst du glauben, dass Hoffnung dir zur Rettung dienen soll.

Wohl ist sie Täuschung nur – doch bringt sie Schaffenslust in unser Leben.

Wohl ist sie uns Gefahr – und dennoch hilft sie die Gefahr besiegen.

Auch ist sie falsches Licht – doch dunkle Nächte hellen sich durch ihren Glanz.

Sie wiegt in lichten Traum – und nimmt damit des Lebens Bitternis.

Sie schafft uns Liebesseligkeit – und hilft vergessen, dass sie wandelbar.

Die Hoffnung, sie gehört zu unserem Leben, wie Licht zum Tag, wie Glanz zu den Gestirnen, wie Wärme zu der Sonne Schein.

Solang die Erde steht und Menschen auf ihr wandelten, geschah es an der Hand der Hoffnung; sie war es, die den Menschen trieb zu immer höherem Werden.

Alles Geschehen ist Frucht der Hoffnung, ihr verdanken wir Streben und Erfolg. Sie lenkt die Herrscher, führt die Völker, sie treibt das große Rad der Welt.

Wie aus des Feuers verdeckter Glut doch immer wieder lichte Flammen züngeln, so das Hoffen aus des Lebens Kampf.

Ewig unerforscht bleibt des Schicksals Gang, aber Hoffen erleuchtet uns das Dunkel des Lebens.

Und unser Schönstes, unsre stille Liebe, was ist sie anderes als Hoffen? Gibt nicht das Hoffen ihr das Ewigsein?

Wir halten sie mit Hoffnung fest im Herzen und tragen sie mit Hoffen in die Ewigkeit hinein.

Und dann noch eine andre Hoffnung winkt aus ferner Welt, die uns wie arme kleine Kinder tröstet.

Sie tröstet uns wie eine Mutter tut, und wiegt uns sanft in unsern letzten Schlaf.

Wer könnte je die Hoffnung missen? Sie führt uns ein, und führt uns durch das Leben, und leitet uns zu jener fernen ungekannten Welt. Und Sehnsucht liegt in diesem Hoffen, und Leben wird daraus erstehen.